司法会计基础理论研究

牟文华 著

哈尔滨出版社
HARBIN PUBLISHING HOUSE

图书在版编目（CIP）数据

司法会计基础理论研究 / 牟文华著 . -- 哈尔滨：哈尔滨出版社, 2022.9
ISBN 978-7-5484-6626-0

Ⅰ.①司… Ⅱ.①牟… Ⅲ.①司法会计学 – 研究 Ⅳ.① D918.95

中国版本图书馆 CIP 数据核字 (2022) 第 130027 号

书　　名：司法会计基础理论研究
SIFA KUAIJI JICHU LILUN YANJIU

作　　者：牟文华　著
责任编辑：张艳鑫
封面设计：树上微出版

出版发行：哈尔滨出版社（Harbin Publishing House）
社　　址：哈尔滨市香坊区泰山路 82-9 号　　邮编：150090
经　　销：全国新华书店
印　　刷：武汉市籍缘印刷厂
网　　址：www.hrbcbs.com
E-mail：hrbcbs@yeah.net
编辑版权热线：（0451）87900271　87900272
销售热线：（0451）87900202　87900203

开　　本：710mm×1000mm　1/16　　印张：15　　字数：222 千字
版　　次：2022 年 9 月第 1 版
印　　次：2022 年 9 月第 1 次印刷
书　　号：ISBN 978-7-5484-6626-0
定　　价：88.00 元

凡购本社图书发现印装错误，请与本社印制部联系调换。
服务热线：（0451）87900279

目 录
Contents

第一章　司法会计概论 ... 001

　　第一节　司法会计是什么 ... 001

　　第二节　司法会计的内容 ... 008

　　第三节　司法会计的特性 ... 013

　　第四节　财务事实和会计事实 ... 020

　　第五节　财务会计资料证据 ... 027

　　第六节　司法会计与审计的比较 ... 041

第二章　司法会计检查 ... 043

　　第一节　司法会计检查的目的 ... 044

　　第二节　司法会计检查的任务 ... 048

　　第三节　司法会计检查的主体 ... 050

　　第四节　司法会计检查的内容 ... 053

　　第五节　司法会计检查的方法 ... 055

　　第六节　司法会计检查的程序 ... 060

　　第七节　司法会计检查案例分析 ... 065

　　第八节　司法会计检查所获证据的法律效力 ... 069

　　第九节　电子数据的司法会计检查技术 ... 073

第三章　司法会计鉴定　078

- 第一节　司法会计鉴定的产生　078
- 第二节　司法会计鉴定的目的与对象　079
- 第三节　司法会计鉴定的特点及其局限性　082
- 第四节　司法会计鉴定标准　083
- 第五节　司法会计鉴定方法　086
- 第六节　司法会计鉴定人　095
- 第七节　司法会计鉴定程序　099
- 第八节　司法会计鉴定特别程序　104
- 第九节　司法会计鉴定意见　106
- 第十节　司法会计鉴定行业发展　112
- 第十一节　司法会计鉴定人参与法庭质证　125
- 第十二节　司法会计鉴定的专家辅助人制度　136

第四章　司法会计对策　144

- 第一节　刑事诉讼中司法会计活动的主要任务　144
- 第二节　刑事诉讼各阶段司法会计对策分析　146
- 第三节　司法会计在经济犯罪侦查中的对策分析　153

第五章　法务会计　164

- 第一节　国内外法务会计发展综述　165
- 第二节　法务会计在我国的发展环境　171
- 第三节　法务会计的属性和目标　173
- 第四节　法务会计的对象与职能　175

第五节　法务会计的假设　　　　　　　　　　　180

　　第六节　法务会计的主体　　　　　　　　　　　183

　　第七节　法务会计的原则　　　　　　　　　　　188

　　第八节　法务会计参与诉讼阶段的作用　　　　　191

　　第九节　法务会计证据收集实务　　　　　　　　194

　　第十节　法务会计发展展望　　　　　　　　　　202

第六章　司法会计学科体系　　　　　　　　　　205

　　第一节　司法会计学的概念及其学科属性　　　　205

　　第二节　司法会计学科体系　　　　　　　　　　208

第七章　司法会计人才培养　　　　　　　　　　212

　　第一节　我国司法会计人才培养的紧迫性　　　　212

　　第二节　司法会计高等教育培养模式　　　　　　214

　　第三节　我国高等教育阶段培养司法会计复合型人才的策略　　218

　　第四节　司法会计师——司法会计的社会职业培养模式　　229

　　第五节　司法会计人员职业道德建设　　　　　　232

第一章 司法会计概论

我们要研究一个事物,首先就要弄清楚这个事物包含的具体内容,从其内涵出发进行分析,再到对其外延进行探究,这样才能够从整体上对一个事物进行总结,对其概念进行系统的阐述。对司法会计的研究,也需要遵循上述方法。本章我们就从"司法会计是什么"这个话题开始,一步一步展开分析。

第一节 司法会计是什么

案例1-1:

一家母婴用品店老板钱女士与供应商某童鞋生产厂商 A 公司签订了购销合同,合同约定双方每年年底进行一次对账。2020 年 12 月 31 日,A 公司给钱女士发来了"对账单",金额显示钱女士尚欠 A 公司货款 51 万元,钱女士未仔细核对就匆匆签字。2021 年 4 月 1 日,A 公司要求钱女士归还前欠货款 51 万元时,钱女士才根据自己的购货合同、转账记录等计算出自己的欠款应为 31 万元，这中间有着 20 万元的不实欠款。钱女士拒不偿还 51 万元欠款，被 A 公司告上法庭。A 公司提供的是钱女士签字确认的 51 万元"对账单"，于是钱女士决定申请司法会计鉴定。最终司法会计鉴定意见表明，钱女士所欠货款确实为 31 万元，钱女士胜诉。

这个案例中的司法会计鉴定人根据钱女士与 A 公司之间的业务往来记录、转账记录、购销合同等财务会计资料，进行检查、鉴定的过程，就属于我们所要研究的与司法会计有关的内容。

一、"司法会计"的词义

当人们被问到"司法会计是什么"时，我想肯定很多人会首先想到这是一个有关于"会计"的工作。因为"司法会计"这个词在很多人的眼里会把它看成是一个"偏正"结构的词语，于是就会将它的落脚点总结为是与会计有关的工作或者是与会计有关的其他事物。但是，如果我们从司法会计的发展历史来查找司法会计的具体含义的话，那就要追溯到 20 世纪 50 年代了。

"司法会计"[1]一词，是在新中国成立后，逐渐由苏联引入了我国[2]。在接下来的 30 年间，虽然与司法会计有关的内容也在逐渐地进入到我国，但是直到 20 世纪 80 年代以后，国内才逐渐形成了对"司法会计"一词的系统化的阐释。

我们在中国知网上以"司法会计"为关键词对论文进行搜索的话，会得出表 1-1 中所列的研究论文。这些论文都是将司法会计引入到我国，并且在我国司法会计最初发展的时候进行了系统研究的，为我国司法会计的产生与发展奠定了深厚的理论基础。

---

[1] 司法会计 Forensic Accounting（法庭会计）。
[2] 张耕主编：《中国政法教育的历史发展》，吉林人民出版社 1995 年版，第 213 页。

表1-1：中国知网上20世纪80年代发表过的"司法会计"相关论文[①]

序号	论文题目	作者	期刊来源	发表时间
1	应重视司法会计鉴定学的研究	何联升	西北政法学院学报	1984（4）
2	司法会计学初探	许兆铭	会计研究	1985（6）
3	司法会计学	张靖宇	财务与会计	1986（2）
4	论司法会计鉴定	马肖印	法学杂志	1986（8）
5	法学新学科的命名问题	徐永康	法学研究	1988（10）

在司法会计被专家、学者引入到我国的十年之后，法务会计也逐渐在我国崭露头角。我们在中国知网上以"法务会计"为关键词对论文进行搜索的话，会得出表1-2中所列的研究论文。我们现在能够查到的最早的法务会计研究成果，是1995年以盖地教授为首的专家、学者引入到我国的。

表1-2：中国知网上20世纪90年代发表过的"法务会计"相关论文[②]

序号	论文题目	作者	期刊来源	发表时间
1	适应21世纪的会计人才——法务会计	盖地	财会通讯	1995（5）
2	法务会计理论与实践初探	喻景忠	财会通讯	1995（5）
3	我国会计问题的若干法律思考	李若山	会计研究	1999（6）
4	试论21世纪的新型会计人才法务会计	孙育新	黑龙江财会	1999（10）

---

① 只以"司法会计"为关键词进行模糊搜索，可看到这些论文。如扩大搜索范围，司法会计相关论文还有不少，本书就不再一一列举了。

② 只以"法务会计"为关键词进行模糊搜索，可看到这些论文。如扩大搜索范围，法务会计相关论文还有不少，本书就不再一一列举了。

司法会计基础理论研究

因此，从 20 世纪 80 年代，司法会计就被引入到了我国，并逐渐发挥了越来越重要的作用。此后，随着中西方交流和影响的不断深入，20 世纪 90 年代中期，法务会计在我国开始逐渐崭露头角。自此以后，我国学术界关于司法会计与法务会计的探讨、比较和争论就一直不断，本书也会在后续章节中对二者进行比较分析，此处不再赘述。

接下来，我们仍然探讨司法会计被引入我国之后，专家、学者们是如何对其进行定义的。本书把极具代表性的专家意见进行汇总整理，详见表 1-3。

表 1-3：我国专家、学者对司法会计的定义

序号	专家、学者	司法会计定义	来源
1	顾洪涛	所谓司法会计，是指司法机关在诉讼过程中，为了查明经济案件或其他案件中有关财务会计问题，依据法定程序，指派或聘请具有专门知识的人员，进行审核、检查和验证，并对照法律、法规和一定标准，收集判断并且提供证据的一种诉讼活动。	《司法会计基础教程》，中国政法大学出版社，1995年
2	王建国	司法会计是司法会计人员根据司法机关的指派、委托或有关诉讼当事人的委托，对经济案件涉及会计事项进行审查、检查、鉴定，确认会计事实并依法提供司法会计证据的诉讼活动。	《司法会计学》，立信会计出版社，2003年
3	王森全	司法会计是指司法会计人员根据司法机关的指派、聘请或有关诉讼当事人的委托，依法对案件所涉及的会计资料、相关财物及其他会计专门性问题进行审查、检查、鉴定，确认会计事实并依法提供司法会计证据的诉讼活动。	《司法会计》，中国人民公安大学出版社，2005年
4	聂志毅	司法会计时司法机关为了侦查、审理涉及会计事项的案件，以司法会计检验和司法会计鉴定为基本内容的一项法律诉讼活动。	《司法会计学》，法律出版社，2005年

表 1-3: 我国专家、学者对司法会计的定义　　　　　　　　　续表

5	肖琼	司法会计，又称"法庭会计"或"法务会计"，是司法机关为了查明案情，对案件涉及的财务会计资料及相关财物进行检查，或对案件涉及的财务会计问题进行鉴定的方法、手段、技巧和程序的总称。	《试论我国开展司法会计教育的必要性》，《背景人民警察学院学报》，2006（3）
6	袁泉	司法会计，是指运用有关的司法会计原理和方法，在涉及财务会计业务案件的调查、审理中，为了查明案情，对案件所涉及的财务会计资料及相关财物进行专门检查，或对案件所涉及的财务会计问题进行专门鉴定的法律诉讼活动。	《司法会计原理与实务》，中国政法大学出版社，2008年
7	于朝	司法会计是指在涉及财务业务、会计业务[①]等相关案件的调查、审理中，为了查明案情，对案件所涉及的财务会计资料及相关财物的数量进行专门检查，或对案件所涉及的财务问题、会计问题进行专门鉴定的法律诉讼活动。	《司法会计学》，中国检查出版社，2008年
8	俞敏	司法会计是指在涉及财务会计业务案件的调查、审理中，为了查明案情，对案件所涉及的财务会计资料、相关财物、经济活动等进行专门的查验，或对案件所涉及的财务会计的问题进行专门的鉴别的法律诉讼活动。	《司法会计实务》，中国法制出版社，2012年

上述专家、学者都从不同的角度对"司法会计"一词进行了定义、概括，笔者也根据自己从事司法会计研究多年的经验，从"司法会计"一词的构成

---

① 财务与会计，是两个不同的概念。简单来说，财务指的是经济活动，包括筹集资金、投资、分配利润等经济活动；会计指的是对经济活动进行的核算和监督。二者有本质区别，在司法会计活动中，二者的检查与鉴定方法都是有区别的。

上,提出自己对司法会计的理解:"司法会计"一词,是由两个并列关系①的词语组成的,即"司法"和"会计"。"司法"一词,告诉我们司法会计是发生在法律诉讼活动中的,可能是侦查阶段、可能是审判阶段;"会计"一词,告诉我们从事司法会计活动需要采用的是会计或者是审计的相关方法,即审阅法、盘点法、平衡分析法等方法。因此,笔者认为,司法会计就是一种诉讼活动,与别的诉讼活动最主要的区别就是要在活动中运用会计手段查明案情。

二、"司法会计"的引申词义

了解了司法会计活动的主要内容,我们接下来需要研究与司法会计活动有关的职业或者行业,这些职业与行业构成了"司法会计"的引申词义。

一是"司法会计学"。与会计学一样,司法会计学也是一门学科,不过它是一门综合了司法与会计两部分内容的交叉性学科,主要研究诉讼活动中使用会计方法的规律,可以归类为证据法学②。

二是"司法会计师"。与会计师一样,司法会计师也是一个职业,是对在诉讼活动中使用会计方法进行检查、鉴定的专业人员的统称。同时,司法会计师也有执业与非执业之分,这一点也与会计师(注册会计师)相同。现阶段,司法会计师在我国还不是普遍的称谓,有时我们也称其为"司法会计人员",或者针对从事司法会计鉴定的司法会计师,我们也会称其为"司法会计鉴定人"。但是,无论如何称呼,我们都知道他们所代表的都是从事司法会计行业

---

① 如果我们把"司法会计"一词看成是一个偏正机构的汉语词汇,那得出的结论将是完全不同的,即"司法会计"的中心词是"会计",说明司法会计是利用诉讼手段所进行的会计活动,结果与司法会计的本质大相径庭。

② 法学,分为应用法学和理论法学。应用法学,分为实体法学、证据法学、程序法学。证据法学,分为证据法学原理、诉讼调查学、法医学、物证学、司法会计学等。

的专业人员。

三是"司法会计行业"。从事司法会计检查、司法会计鉴定、专家辅助人等业务，且具有专门知识的人，构成了司法会计行业。

根据以上分析，我们了解了"司法会计的词义"，明白了司法会计具体是做什么的，同时我们也根据"司法会计的引申词义"，总结出了与司法会计有关的职业与行业，所有以上这些内容就组成了"司法会计是什么"这个问题的答案。大家根据不同的场合去使用"司法会计"一词，就可以表示不同的含义，但所有这些不同的含义又都构成了司法会计整个的词义体系，这就是我们关于"司法会计是什么"的阐述。弄清楚这个问题之后，接下来我们再分析所有与司法会计有关的问题时，读者就可以明白本书想表达的具体意思，不至于引起不必要的误会。

三、司法会计的作用

如表 1-3 所示，几乎所有的学者都认可，司法会计本身就是在法律诉讼活动中使用会计方法的一类活动。那么，问题就产生了，司法会计在法律诉讼活动中起到什么样的作用呢？法律诉讼活动中，除了司法会计活动，还有哪些活动呢？

法律诉讼活动涵盖的范围很广，主要是指从案件立案开始，经过侦查、起诉到庭审等各个阶段的所有与案件有关的活动。如果是涉及经济案件，那其中就可能有很多专业知识是侦查人员、公诉人员或者是法官所不擅长的，这时就需要"有专门知识的人"参与其中，而司法会计人员正是属于有专门知识的人。

明白了法律诉讼活动的含义，接下来我们就可以探讨下，司法会计参与法律诉讼活动中的作用到底是什么。总体上来说，司法会计的作用是为诉讼服务的，具体来说涉及检查资料、固定证据、出具鉴定意见等。

这里，笔者提醒读者注意以下两点：

一是司法会计活动获取的是与财务会计资料有关的证据，并不是全部的诉讼证据。其他的诉讼证据还需要通过其他的侦查手段去获取。例如，在一起职务侵占案件中，司法会计人员可以通过财务会计资料找到某公司财物确实被侵占的事实，但是却无法独立证明财物具体是被谁侵占了。这时候，诉讼主体还可以通过其他的方式来获取有关证据，例如言辞证据、图像证据等。

二是除了司法会计活动，还有许多其他的方式可获取与财务事项、会计事项相关的证据。例如，在上述职务侵占案件中，如果获取被害人陈述、嫌疑人供述、证人证言等言辞证据，也可以从一个方面证明某公司财物被侵占的事实。但我们要注意孤证不能定案，因此无论是财务会计资料证据还是其他言辞证据都需要与其他证据一起结合使用，这样证明效力才能够得到有效保证。

第二节　司法会计的内容

司法会计的内容，即司法会计在活动的过程中具体从事哪些业务。对此，学术界尚存在较大的争议。

"一元论"认为诉讼活动中，只需要司法会计鉴定就能够解决诉讼活动中相关的财务会计问题。

"专业论"提出，要根据不同经济主体的经营模式的不同建立不同行业的司法会计，就像普通的会计学那种分类方式，如工业司法会计、商业司法会计、旅游业司法会计等。

"二元论"是随着改革开放的深入，随着经济犯罪形式的层出不穷而逐渐形成的一种理论模式。该模式认为，诉讼活动中仅仅使用司法会计鉴定是无法满足全部需求的，还需要司法会计检查的加入。

"三元论"的提出，是在20世纪90年代后期，受到了"二元论"的启发。他们将诉讼活动的具体内容进行了再次分解，在原有大家公认的司法会计检查和司法会计鉴定之外，又添加了司法会计审查这一项。

综上，这些观点之间的差异并不是特别大，他们的共同点是都承认司法会计活动是围绕着法律诉讼活动展开的，这是由司法会计的本质属性决定的。因此，我们在研究司法会计的内容时，更多的是要关注法律诉讼活动，只有真正了解了法律诉讼活动，才能从根本上理解司法会计的内容。

一、司法会计检查

司法会计检查，从名字中不难看出，就是指诉讼活动中利用会计方法所做的检查，针对的是与经济案件有关的财务问题、会计问题。

案例1-2：

在虚开增值税专用发票案件中，虚开发票的公司通常会将虚开的增值税专用发票隐藏在公司正常的业务之中，即如果对财务会计资料不是特别了解的人是很难通过普通检查发现端倪的。在A公司涉嫌虚开增值税专用发票案中，侦查人员小李根据举报人提供的财务会计资料和去A公司进行实地检查，均未发现任何与虚开有关的财务会计问题，所检查的A公司财务会计资料每一项涉及增值税的业务都有相关的采购发票、入库单和出库单等响应资料，并且非常齐全，从这一点看不出任何问题。在侦查人员小李一筹莫展之时，司法会计人员接受指派承担了这一检查任务。经检查，司法会计人员发现A公司的入库单和出库单可能存在问题，因为其入库单和出库单存在多张单号为0的情况，即未按照正常的单据编号进行编制。出现这种情况的原因，一方面可能是记账员记录有误，另一方面有可能是为了记录虚开的增值税专用发票。当司法会计人员发现了这一问题后就顺藤摸瓜，最终追查到了案件的根源。

此案例说明，司法会计检查的最终目的，就是为了判定财务会计资料的真实性，或者是财物的真实性。

二、司法会计鉴定

司法会计鉴定，我们还是从名字出发去进行分析，即在诉讼活动中进行的鉴别判定，只是这个鉴别判定的方法比较特别，是运用了会计、审计的方法，鉴定意见也是围绕着财务会计资料产生的。

案例 1-3：

钱女士在某银行某分理处存款总数为 200 万元，但 2020 年 3 月 12 日，钱女士去该分理处准备购买理财产品时进行了账户余额的查询，发现账户余额仅剩 160 万元。钱女士认为银行恶意提取了自己的存款，或者是银行某柜员利用职务便利窃取了自己的存款。于是，钱女士报警，警方调取了相关证据。

法院在审理该案件时，该分理处提供了钱女士 2020 年 1 月 31 日取款 40 万元的凭证，针对该事项，法官提出司法会计鉴定，即鉴定钱女士在 2020 年 1 月 31 日是否在该分理处取款 40 万元。

司法会计鉴定人接到该鉴定事项后，接收了相关检材，发现：该银行分理处在 2020 年 1 月 31 日这一天，并未列示钱女士取款 40 万元的账目，并且鉴定人还发现该分理处在这一天的现金结存金额为 31 万元。这说明如果该分理处是忘记了记录钱女士取款这笔账目的话，钱女士也不可能在当天从该分理处取走现金 40 万元，因为分理处当日根本没有 40 万元的现金可供使用。

所以，鉴定人出具的鉴定意见可反映出该银行分理处出具的取款凭证为虚假的，银行败诉。

该案例说明，司法会计鉴定的最终目的，就是为了鉴别判定涉案财务问题、会计问题。

三、司法会计检查与司法会计鉴定的关系

按照"二元论"的理论，诉讼活动中仅仅使用司法会计鉴定是无法满足

全部需求的,还需要司法会计检查的加入。下面我们就来详细分析下二者之间的关系。

(一) 关联性

1. 诉讼目的及手段相同

二者都是发生在诉讼活动中,目的都是要查明经济案件中涉及的财务问题、会计问题。同时,二者在检查、鉴定的过程中,都需要通过财务会计资料和有关财物信息来实现这一诉讼目的。

2. 司法会计检查是基础

当司法会计检查中发现了问题之后,在未来的诉讼活动中,还有可能需要通过司法会计鉴定来对这些已经检查出来的问题进行鉴别判断。从这个角度来说,司法会计检查肯定是基础,是整个诉讼活动的基础。

3. 司法会计鉴定是延续

在某些情况下,只通过司法会计检查就有可能将所获取的财务会计资料的相关证据检查清晰,即找到足以证实所需查明的财务问题、会计问题所需要的证据,那么就无须再进行后续的其他司法会计活动。但是,也可能出现司法会计检查无法解决的证据问题,这时就需要再申请司法会计鉴定。在这种情况下,司法会计鉴定就成了司法会计检查之后的必要活动,是延续活动。

(二) 差异性

1. 二者的实施主体不同

司法会计检查,可由侦查人员、司法会计人员、计算机专家等分别担任主体,或者共同组成专家组担任主体。例如侦查人员在侦查过程中,本身具有会计相关知识,就可以对经济案件中涉及的财务问题、会计问题进行检查。

再如计算机专家在侦查财务会计电子数据资料时，本身又具有会计相关知识，就可以担任司法会计检查的主体。所以，从实施主体的角度来说，二者还是有明显区别的。但是，司法会计鉴定，需由具有司法会计专门知识的人来担任主体。

2. 二者的诉讼职能不同

司法会计检查和司法会计鉴定，在职能上都需要针对经济案件中的财务问题、会计问题进行检查，但检查之后，二者的职能又存在不同之处。司法会计检查，就是对经济案件中的财务问题、会计问题进行检查，然后对检查中发现的可能作为证据的资料进行收集、整理。司法会计鉴定，需要对侦查人员提供的检材进行鉴别判定，出具鉴定意见，并且在法庭上参与质证。

3. 二者的操作方法不同

由于实施主体、诉讼职能的差异，决定了二者在操作方法上也存在一定的差异。司法会计检查，主要使用审阅法、核对法，目的是收集、整理证据资料；司法会计鉴定，主要采用的是逻辑分析法，目的是出具合规、合法的鉴定意见。

4. 二者的诉讼结果不同

司法会计检查的诉讼结果是检查后形成的检查报告等相应证据资料；司法会计鉴定的诉讼结果是鉴定后形成鉴定意见。

我们比较后会发现，检查报告等证据资料的客观性更强一些，是对检查结果的客观描述；鉴定意见的主观性更强一些，是对鉴定结果的主观判定。因此，二者在诉讼过程中的法律效力也并不相同，司法会计鉴定意见因其主观性的问题，尚需要在有必要的时候，请司法会计鉴定人出庭参与法庭质证，以此来提高鉴定意见的法律效力。

第三节　司法会计的特性

从前面章节的分析中可以看出，司法会计本身就是在诉讼活动中应用会计方法所做的检查、鉴定活动，是为解决经济案件中涉及的财务问题与会计问题所进行的活动。所以，要研究司法会计，就必须首先弄明白财务、会计这些概念和关系。而会计是一个大的概念，有时候我们也会称其为财务会计，但这些概念都不是十分准确的。本节我们就通过分析财务与会计之间的关系，来讨论司法会计的特性。

一、财务与会计的关系

会计学属于管理学一级学科，研究的主要问题可以概括为三项，即财务管理、会计、审计，即我们俗称的"财、会、审"。财务管理、会计、审计，这三者之间是有着紧密联系的，是与企业的生产经营活动密切相关的。

当一个企业刚开始设立时，其实就是在进行财务管理活动。财务管理，主要是对三项内容的管理，即筹资、投资和利润分配。企业刚开始设立时，自然就涉及筹资。筹资主要来自两个方向，一是自有资金，即股东的投入；二是负债，即外部的借款。筹集来的资金接下来就需要进行生产经营活动，所以就到了投资阶段。当一段时间的生产经营活动之后，有了盈利的话，就涉及利润分配的问题。所以，财务管理活动就是围绕着这三项业务展开的，在会计学的持续经营假设和会计分期假设的前提下，财务管理活动就可以循环往复地进行下去。

在一个企业筹资、投资、利润分配的过程中，都需要进行会计处理，即登记凭证、账簿，直至填制报表，这些都属于会计的范畴。也就是说，会计是针对财务管理活动中的每一步所进行的会计处理。例如，财务管理中进行了固定资产的投资，那么会计就针对该项投资进行会计记账，即在记账凭证上登记相关信息（摘要、日期、会计分录、金额等），然后再登记账簿，期末再汇总填制报表。所有这些业务，都属会计人员的日常业务，是与财务管理活动匹配的业务。

一个企业的生产经营、会计核算等，都有可能出现错误，这时就需要审计人员对财务管理活动、会计活动的内容进行审计，以保证信息的准确性。当然，审计活动又分为三种，包括国际审计、社会审计、内部审计。一般来说，首先由企业内部审计部门对财务管理活动、会计活动的内容进行审计，如果审计发现问题，那么就需要在企业内部进行处理。然后，企业一段经营周期之后，需要请社会审计对财务管理活动、会计活动的内容进行审计，并出具相应的审计报告，目的是让社会公众了解企业的财务信息，方便公众进行投资[①]。最后，国家审计是对国家机关、事业单位等单位进行的审计，我们就不再详细阐述。

以上关于财务管理、会计、审计这三项内容，就组成了我们普通意义上对"会计"的称谓。那在司法会计理论中，对财务与会计需要进行详细区分吗？答案是肯定的，我们必须对财务与会计进行详细区分，才能够在司法会计具体应用时区分是对财务问题进行司法会计检查、鉴定，还是对会计问题进行司法会计检查、鉴定，不同的问题所采用的方法是不一样的，能够达到的效果以及作为证据的法律效力等都是有区别的。

以下，就是笔者关于司法会计理论中财务与会计的分别阐述，重点在于向读者说明二者之间的区别。

（一）财务的基本概念

财务，是指一项经济活动，且必须是能够以价值形式来表现的经济活动，包括筹集资金、投资、利润分配等活动。例如，钱女士欲注册成立一家销售公司，接下来要考虑的就是筹集资金的问题。钱女士打算个人出资10万元，再由其合伙人小李出资5万元，即该公司认缴的注册资本为15万元。然后，

---

① 社会审计需要按照国家法律法规的要求进行，例如上市公司要求每半年向社会公众披露一次审计报告，而有限责任公司就不需要对社会公众进行披露。

钱女士向某银行申请30万元的贷款用作未来投资和企业日常经营使用。这两项筹集资金的活动，就属于财务活动；这两项筹集资金所办理的业务，就属于财务业务。除了筹集资金，企业在投资和利润分配等方面发生的活动，只要能够以价值形式来表现的，都属于财务活动的范畴。

（二）会计的基本概念

会计，是指一项经济管理活动，该活动是对财务活动的内容、过程及成果所进行的反映、监督、控制等。我们也可以这样理解，企业的一切生产经营活动，都需要有核算和监督的活动与之相匹配，否则生产经营活动的价值就无法进行有效计量，而会计就是对这些生产经营活动的核算和监督。详细来说，会计的核算和监督包括以下两点：

一是核算，即提供会计信息，也就是记账、算账、报账等会计处理行为。例如，钱女士出资10万元成立了一家销售公司，那注册资本10万元，就需要进行记录，这个记录的过程就反映了会计的核算活动。

二是监督，即审查会计资料、监督财务行为。例如，公司采购业务员小李预备进行下一季度的采购，他需要先与会计人员核对下目前存货为多少，再根据库存最大量、市场价格走势等因素精确计算下采购数量。这个过程，就反映了会计的监督活动。

（三）财务与会计的关系

1.财务与会计的关联性

（1）对财务业务进行会计处理

案例1-4：

A销售公司对外销售库存商品，金额为5万元，对方采用银行转账的方式进行支付。

分析：这是一项日常生产经营活动中的普通财务业务，应该用会计的核算职能来进行核算。首先，会计人员通过原始凭证分析这笔财务业务，原始凭证包括银行进账单、增值税专用发票存根联。其次，会计人员应考虑如何进行核算，即记账凭证如何填写，会计分录如下：

借：银行存款　56500
　　贷：主营业务收入　50000
　　　　应交税费——应交增值税（销项税额）　6500
　　　　（假设A公司增值税税率为13%）

（2）以会计监督来控制财务业务

会计人员会根据日常核算结果，对企业的财务业务进行监督和控制。我们以企业的采购业务为例，进行说明。采购前，采购员需要确认原材料的采购是否为必需的。一般来说，单位会有一个采购标准，例如规定一个库存原材料的数量区间，在这个区间内就是应该采购的时间点。这时，当采购员提出了采购请求时，会计人员就需要检查一下"原材料"账户的结存额，若检查后认定需要采购，就告知采购员需要的数量和金额是多少。这个过程，就反映出了会计监督对财务业务的控制作用。

（3）财务业务获取的资料是会计核算的原始凭证

会计核算的起点，就是通过原始凭证编制记账凭证。而原始凭证几乎全部来自财务业务（某些自制的核算性原始凭证除外，如成本分配表），如增值税专用发票、银行进账单、存货入库单等。会计人员根据财务资料的类型的不同编制不同的记账凭证，也根据财务资料的内容的不同选用不同的记账科目进行核算。具体来说，就是根据原始凭证编制记账凭证，再登记相应的账簿，最后编制财务会计报告，这一系列会计核算，依据的都是财务资料。

（4）财务与会计互相影响

案例 1-5：
A 公司的银行付款凭证显示 2021 年 3 月 1 日付款金额为 17000 元，其中支付供应商购货款 7000 元，支付办公用品费用 6000 元，支付银行利息费用 4000 元。

这些财务业务对会计核算产生的影响，就是会计人员需要选用不同的会计账户对其进行记录。支付供应商购货款需要使用"存货"账户，支付办公用品费用需要使用"管理费用"账户，支付银行利息费用需要使用"财务费用"账户，这些不同的账户的选择，影响到了会计核算的过程。

会计核算的整体质量也会对财务业务产生影响。如案例中有支付供应商货款 7000 元，就说明 A 公司又进行采购。按照正常的业务流程，采购前相关业务员需要核对会计核算中存货的具体金额和数量，以此来确定是否需要采购以及采购的金额和数量。但是，如果会计核算出现了误差，核算不够准确，就很可能导致业务人员采购的数量远远超过了仓库可保管的数量，致使采购管理变得异常混乱。

2. 财务与会计的独立性

财务与会计之间的关系很微妙，它们并不总是相互联系的。如果我们想区分它们，也是可以做到的。

（1）财务并不依赖会计的存在而存在

财务活动包括筹资、投资和利润分配等内容，整个过程如果没有会计的核算和监督，业务也可以正常进行。但是，会计的核算和监督会给财务活动带来更多的便利。例如，如果企业采购员在进行采购时，如果没有与会计人员进行沟通和测算，而是直接进行了大量的采购，最终有可能导致仓库无法堆积如此多的货物，引起很多不必要的麻烦。

（2）会计又具有相对的独立性

会计核算包括凭证、账簿和财务会计报告等内容，与财务活动有关的主要是记录凭证这一步。会计人员根据财务活动提供的原始凭证进行记账凭证的记录，这一步是与财务活动有关的。但是，后来会计人员要做的登记账簿、编制财务会计报告等活动就可以相对独立地进行，这些步骤就不再受财务活动的影响和制约了。所以我们可以看到，很多单位愿意将会计核算业务交给代理记账公司来做，这就与会计活动的相对独立性有关。

二、司法会计的特性

综上，我们了解了财务与会计的不同，就可以分析出司法会计的特性，即财务性和会计性。

（一）财务性

财务性，是指司法会计活动中能够反映出来的财务的特殊属性。

1. 价值运动的规律性

企业生产经营过程中所发生的一切财务活动，都是有其客观规律性的。

案例1-6：

钱女士注册成立A销售公司，注册资本共16万元，其中钱女士出资10万元，其合伙人小李出资6万元。同时，钱女士还向某银行借款30万元用于生产经营。A公司注册成立后，钱女士购买固定资产花费15万元，其余31万元资金尚存在银行账户内。

在这项财务活动中，价值量始终保持着平衡的关系。钱女士共筹集到46万元资金，其中购买固定资产花费15万元，银行存款尚余31万元，价值量正好是相等的。

如果我们用会计上常用的恒等式来进行表示的话，等式左边的资产就包含固定资产16万元，银行存款31万元，总计46万元；等式右边的负债是30万元，所有者权益是16万元，合计46万元。这样一来，等式左右两边是相等的，正符合价值运动的规律性。

2.财务关系的相对稳定性

财务活动的过程中，一定有一些内容是一直都保持不变的。例如，在企业持续经营的过程中，财务关系的主体、财务关系的内容、财务关系的处理方法等都是相对稳定的。

（1）主体

这个主体的稳定性是指在一定时期内，具有财务关系的双方基本是稳定不变的。例如，一家公司在一个办公地点开始经营后，一定时期内，只要公司经营地点不变，它与税务局之间的这种纳税关系就不会变。公司、税务局之间的这种稳定性，就属于财务主体关系的稳定。

（2）内容

这个内容的稳定性是指在一定时期内，财务关系的双方他们之间具有的关系内容是稳定不变的。例如，一定时期内，只要公司的经营内容未发生重大变化，那公司与当地税务局之间的财务关系也不会发生变化，即公司应该纳税、税务局应该收税的这种关系不会发生变化。

（3）处理方法

这个处理方法的稳定性是指在一定时期内，财务主体针对他们之间的财务关系而采取的财务处理方法是稳定不变的。例如，一定时期内，公司只要正常缴税，对税务的会计处理方法就是稳定不变的。只要会计准则、会计制度的要求没有变化，处理方法就不会发生变化。

（二）会计性

会计性，是指司法会计活动中能够反映出来的会计的特殊属性。

1. 会计核算的相对稳定性

会计如何对财务业务进行核算？这一点在会计准则和会计制度中都有详细的规定，会计人员在具体核算时必须遵循准则、制度的规定进行核算，而不能任由自己想象去随意更改核算规则。之所以对会计核算的规则进行统一规定，是为了保证针对同一个业务，所有的会计人员核算出来的结果会是相同的。只有相同的结果，才能够保证会计核算的准确性和一致性。

2. 会计核算方法的特定性

按照企业会计准则的规定，有一部分业务可以根据经营主体的不同特点、经营活动的不同情况选择不同的处理方式，但是处理方式并不是可以任意改变的。例如，企业的坏账准备应该如何处理，资产减值损失应该如何计量，这些都是有详细指南的。如果任意改变这些会计处理方式，就属于违规的行为，严重的还可能构成相应的经济犯罪。所以，我们可以看出，会计核算方法虽然有时规定了很多，但是一经确定下来之后是不能够轻易改变的。

第四节　财务事实和会计事实

在上一节中，我已经了解了财务与会计的区别，以及司法会计的特性。那么，本节我们需要重点区分的就是，在诉讼案件中司法会计需要解决的财务事实和会计事实。对财务事实与会计事实的区分，有利于科学地处理诉讼案件。

根据上节内容，我们先来总结下财务事实与会计事实的具体内容，便于大家更清晰、明了地了解诉讼案件中的具体分类，也便于我们后期论述区分财务事实和会计事实在诉讼案件中的重要意义。

表 1-4：财务事实、会计事实的具体内容

财务事实	会计事实
财务事实包括：财务业务和财物管理。 财务业务：资金的筹集、投资、利润分配等业务。 财务管理：管理资金的筹集、投资、利润分配等行为。	会计业务包括：核算和监督。 会计核算：记账、报账等业务。 会计监督：审查会计资料、监督财务业务的行为。

从以上表格中我们可以简单总结下：财务事实，是与经济活动有关的事实，主要是与生产经营、商品交易有关，还与财务管理直接相关；会计事实，是与会计的两大职能即核算、监督有关，同时还包括会计监督对财物管理的影响。

从会计角度讲，财务与会计是两个完全不同却又有着紧密关系的名词；从诉讼角度讲，在诉讼中区分财务事实与会计事实，也是十分必要的，有利于科学地处理诉讼案件。

一、比较财务事实与会计事实

我们以刑事案件为例进行分析的话，会发现除了欺诈发行股票、债券罪，违规披露、不披露重要信息罪等极少数几个罪名涉及会计事实，几乎绝大多数经济案件都是涉及财务事实的。

判断出是涉及财务事实还是会计事实之后，就可以选用不同的标准来判定其合规性，财务事实选用财务标准来进行判定，会计事实选用会计标准来进行判定。

（一）财务事实的证明难度更大

案例 1-7：

A 公司一笔 15 万元银行存款是否已支付给供货商，需要证明。A 公司 2

万元现金存款是否已记账,需要证明。

很显然15万元银行存款是否已支付,属于财务事实。相比较来说,财务事实的证明难度更大一些。与财务事实有关的证明要求关联性更强一些,除了书证(银行交易记录可证明有15万元从A公司对公账户转出)外,还需要证人证言(出纳证实转出过一笔15万元的银行存款)、供货商证言(证实收到过15万元的银行存款转账)等证据共同组成一套完整的证据链条,缺一不可。因此,假如只具备了书证,那只能证明有15万元从A公司对公账户转出,并不能证明15万元是转给了供货商。所以,只有几个证据共同组成证据链条,才能将一项财务事实确认清楚。

但是,会计事实的确认就相对简单很多。本案例中所说的会计事实就是要确认2万元是否计入了A公司银行存款账户。我们只要进行账目检查,查看银行存款账户在特定时间是否记录了借方2万元的金额就可以了,仅需一个书证(记账凭证)就可以完成,不需要其他的证据。

(二)会计事实钩稽关系更明显

反映会计事实的资料包括会计凭证、会计账簿、财务会计报告等会计资料,这些资料间有着非常明确的钩稽关系,我们在证明时可以充分利用这些钩稽关系。

案例1-8:

A公司最初购买的一项固定资产,价值7万元,预计使用年限10年。3年后,已计提折旧3万元(根据固定资产的特点做了加速折旧),剩余价值4万元。

这样的会计事实资料,在固定资产相关凭证、固定资产明细账簿、资产负债表的固定资产项目中都会有所体现,在这些资料中都可以查到固定资产相应的金额。并且,这些金额之间会有着必然的联系,这种联系就是钩稽关系,即固定资产原值(固定资产购买的会计凭证)减去固定资产折旧金额(固定资产计提折旧的会计凭证）后等于固定资产现值（固定资产明细账簿、资产负债表中固定资产项目列示的金额）。

相反，财务事实间的资料，几乎没有任何钩稽关系。

案例 1-9：

某公司向 A 公司投资 70 万元，获得股权证明；70 万元从某公司对公银行存款账户转入 A 公司对公银行存款账户的转账记录；年终从 A 公司获取的股利分红证明。

很显然，以上三样财务事实间的证据并没有特别紧密的钩稽关系，因此审查起来会变得没有那么容易。

因此，伪造会计事实，因其钩稽关系较为明显，会极易被发现；伪造财务事实，因其钩稽关系并不明显，往往不易被发现。

（三）证明会计事实的证据更充分

财务行为的发生，不一定都留下财务资料证据，有时只能通过言辞证据来进行证明。相反地，由于会计行为本身就是在进行核算和监督的过程，所以通常会留下较多的资料证据，而且大部分都是书证，证明力更强一些。

基于财务资料证据不足的情况，我们可以采取的措施就是通过司法会计检查，尽可能多地发掘财务资料证据。

案例 1-10：

A 公司向 B 公司购买了 300 元的饮用水，因其金额较低，直接以现金进行支付。A 公司向 B 公司支付了 300 元后，B 公司以发票暂不方便开具为由，只给 A 公司开具了一张收据。现在如果我们要证明 A 公司已经支付了 300 元现金，应该从哪里着手？

上述案件最大的问题是 A 公司只有收据，如果我们要证实这件事情，还需要满足以下三个条件：

一是找到 B 公司开具收据的存根。但是如果 B 公司对此事假装不知的话，或者是已经销毁存根联的话，这个条件就无法满足。

二是取得 B 公司的言辞证据。但是如果 B 公司对此事假装不知的话，这个条件也无法满足。

最后，A 公司手中的这张收据在法庭上就会变成一个孤证[①]。这时司法会计检查人员的作用就不明显了，需要侦查人员收集、整理更多的言辞证据来进行证明，或者是进一步查找该案件中的破绽。

二、财务资料、会计资料的证明范围

财务资料，是形成于财务活动中的资料，通常从公司成立时的筹集资金开始，到投资、利润分配等过程形成的资料。会计资料，是依据财务资料形成的，是对财务资料的核算过程产生的一种记录资料。因此，我们可以这样理解，即财务业务所形成的原始凭证，正是会计资料需要的凭据。

例如，记账凭证的依据是原始凭证，而绝大部分原始凭证反映的就是财务事实，它们就属于财务资料。

案例 1-11：

A 公司销售货物共计 3 万元（不含税价格），增值税税率 13%，收到银行存款 3.39 万元。

[①] 在民事诉讼中，由于采用证据推定规则，一方当事人提出的孤证另一方不能反驳的情况下，即采用该孤证来证明案件事实。但这是法官采用"自由心证"的结果，而这种做法并不适用于不具有法官职权的司法会计检查人员。

这个案例中，记账凭证上应记载这项财务业务的会计分录，即

借：银行存款　33900

　　贷：主营业务收入　30000

　　　　应交税费——应交增值税（销项税额）　3900

该记账凭证所附的原始凭证包括：增值税专用发票、银行进账单。这两项原始凭证，就属于财务资料。而整个的记账凭证，就属于会计资料。

当然，也有记账凭证的依据并不是财务资料的情况，如我们在记账凭证中记录成本分配的会计分录，它所依据的就是会计人员自制的成本分配表，也是会计资料的一部分。

综上，我们对财务事实与会计事实可以做一个小总结，那就是会计事实必须要由会计资料来证明，而财务事实既可以由财务资料来证明，也可以由会计资料来证明。

三、财务后果与会计后果的证明

财务后果，与经济活动有关；会计后果，与会计核算有关。因此，二者有明显的差异，证明方式也不同。

（一）财务后果的证明方式

从之前的论述中，我们得知财务活动并一定全部产生财务资料，而且即使存在财务资料，也需要与其他证据形式共同形成完整的证据链条才具有证明意义。因此，了解了财务后果的这一证明特点后，对司法会计人员的检查和鉴定活动具有重要的意义。

如果没有财务资料，司法会计人员不能对财务事实出具鉴定意见。

如果存在财务资料，司法会计人员在出具鉴定意见时也应十分谨慎，要对财务资料间的关联关系进行充分确认才能出具鉴定意见。

案例 1-12：

一张收款收据上记录收款人为钱女士，付款方为 A 公司，金额为 30 万元，摘要（收款事由）为销售货物。

上述案例，可以直接确认的就是付款方 A 公司支付了 30 万元的款项，但是钱女士是否收到了款项还需要其他证据进行佐证，如还需要钱女士银行存款个人账户的进账单（交易流水）来证明这笔款项确实已入账。司法会计人员鉴于此，不能直接出具钱女士已经收款的鉴定意见，但可以做"引述式"的表达。

（二）会计后果的证明方式

会计后果与会计核算有关，而所有的会计核算都会产生会计资料。因此，司法会计人员在判断会计后果时相对轻松一些。但是，又由于会计资料很多时候是依据财务资料才形成的，所以在证明时还需要综合考虑。

案例 1-13：

A 公司 2021 年净利润为亏损 4000 余万元，这引起该公司最大的股东钱女士的怀疑。于是，钱女士提出要进行司法会计鉴定。经过鉴定，证实净利润应为盈利 2000 余万元。

该案例中，记载年终净利润的财务会计报告属于会计资料，但是这一会计资料成立的前提是众多的财务资料。本案中钱女士既可能是对财务会计报告这一会计资料持怀疑态度，也可能是对财务会计报告的依据即财务资料存在怀疑。所以，实践中，需要司法会计人员进行全面的司法会计鉴定，通过对财务资料的审查、鉴定，来发表对财务会计报告这一会计资料的相关意见。

第五节　财务会计资料证据

财务会计资料证据分为三类：财务资料证据、会计资料证据、财务会计资料混合证据。财务资料证据、会计资料证据，前面章节中已经做了详细介绍，本节不再赘述。那财务会计资料混合证据又是指的什么呢？在日常生产经营过程中，确实存在着一些特殊的证据资料，包括在财务资料证据之上注明了会计资料证据的混合证据，如某些银行取款凭证，会在凭证上标注会计分录；还包括在会计资料证据之上注明了财务资料证据的混合证据，如记账凭证的会计分录上记载了收款方的姓名。

一、财务会计资料的证据属性

财务会计资料，最主要的属性就是书证属性；同时，因为财务会计资料是以物质形态存在的，因此也具有物证属性；此外，部分财务会计资料是以电子数据形式存在的，因此也具有电子数据属性。例如，纸质的增值税专用发票，在传统会计做账的过程中，会将其粘贴到记账凭证的后面；电子的增值税专用发票，在采用会计电算化方式进行做账时，会将其录入会计软件中作为原始凭证使用。因此，增值税专用发票，如果是纸质的，就具有书证属性、物证属性，如果是电子的，就具有电子数据属性、物证属性。

（一）书证属性

财务会计资料是以纸质形式存在的，并且是以其记载的书面内容作为证据使用的，因此具有书证属性。例如，传统手工记账方式下的记账凭证就是书证属性，因为记账凭证上记录着的日期、事项、交易分录、金额、经办人、审核人等内容都是用于证明会计事实的，因此它就是纸质的、用书面内容作为证据使用的书证。

（二）物证属性

财务会计资料本身就是以物质形态存在的，纸质的资料是以纸质形态存在的，电子的资料是以电子数据这种物质形态存在的。因此，财务会计资料均具有物证属性。财务会计资料的物证属性表现在以下三点：

一是财务会计资料中的字迹、格式能够证明书写人是谁，也可以证明是由哪个单位开具的发票等。

二是财务会计资料中的指纹，可验证接触到这个资料的相关人员的身份。

三是财务会计资料被获取时所处的环境，可证明该资料的保管人身份，若无保管人也可证明该资料脱离保管这件事是否与案件事实有关。例如，一般来说，增值税专用发票的记账联是存放于销售单位的，若这张发票被获取时是存放于某个与该案件有关的人员家中，那说明该票据可能存在被隐匿的问题。

（三）电子数据属性

财务会计资料以电子数据形式存在分两种情形：一是采取会计电算化方式进行核算的单位，其会计软件系统中存储的电子数据（会计账套）即为财务会计资料；二是以电子形式存储在电脑中的财务会计资料，如购销合同的电子版等。

电子数据本身具有三重属性：

一是可隐匿性。电子数据的隐匿，就是指修改电子数据的内容。由于电子数据具有相当强的可隐匿性（与书证、物证属性相比，电子数据的可隐匿性更强），可能导致财务会计资料在被作为证据固定之前就已经被修改过了，从而导致我们获取的证据客观性存在问题。同时，我们固定证据时需要进行刻录（拷贝），刻录后再进行使用，在这些过程中都可能导致电子数据被修改。因为电子数据的可隐匿性，使得其在法庭上的法律效力往往不高，对方当事人及其诉讼代理人可能会质疑电子证据的客观性，而我们未必有办法对其进行证明，最终法庭可能并不会采信这项证据。

二是可销毁性。电子数据的故意销毁，就是指删除电子数据的内容，使电子数据的使用效用完全丧失的行为。销毁电子数据的方式有很多，可能是黑客入侵删除，也可能是物理破坏。所以，为防止电子数据被销毁，我们在发现电子数据时需要及时提权和固定证据，在使用时也需要妥善保管、谨慎使用，以免在使用中由于操作失误而导致证据灭失。当然，根据电子数据勘验、检查办法的规定，固定下来的电子数据要进行备份，备份中的一份将来在法庭存疑时调出来使用，另一份才在研判分析中使用。

三是技术性强。电子数据本身，在形成时就代表了计算机应用的结果，具有一定的技术性；我们在提取、固定电子数据时，也需要使用一定的技术手段；在研判的过程中，更需要运用计算机技术、软件技术对其进行分析、使用。因此，提高计算机分析能力和技术手段，对侦查人员来说是十分必要的。当然，我们在实践中，也可以聘请计算机专家辅助侦查、检查、鉴定的过程。

二、财务会计资料的取证要求

财务会计资料，可能具有书证、物证、电子数据等属性。每一种属性在取证时的要求都是不一样的。

（一）书证

书证，可采取复印、抄录等方式进行取证，只要不影响对财务会计资料内容的使用即可。

（二）物证

物证，尽量收集原件，绝大多数物证只有原件才能保留其物证属性，如指纹信息等。若实在无法获取原价，只能退而求其次，使用复印件、复制件，但需要拍照、录像（将取证过程录像），尽可能保证物证的客观性。

（三）电子数据证据

1. 针对可隐匿性，尽量做到在现场固定证据

固定证据时，拍照、录像（将取证过程录像）、打印（将电子证据现场打印）、签字（现场见证人、电子证据的所有人签字）等流程要准确无误。此外，还要注意收集电子数据证据的时间，这个时间包括电子数据制作的时间、各种修改的时间等，这些时间都决定了电子数据证据的客观性。

2. 针对可销毁性，尽量做到立即收集、防止发生变化

一旦发现电子数据证据，要在第一时间进行收集，切断网络，防止电子数据被销毁。这个销毁可能是当场被故意或者非故意地销毁，也可能是被后台操纵式地销毁，都需要提前预防。同时，若当场找不到收集电子数据的办法，如遇到电脑无法开机、无法打开电子数据等情况，应尽快联系计算机专家或者公安技侦、网安的侦查人员，进行解密或者修复。同时，现场进行刻录（拷贝）时，一定注意进行好备份，也要想办法保证刻录好的证据免受病毒或者是外界的侵入。

3. 针对技术性强的特点，及时寻求计算机专家的介入，以免贻误战机

如果在勘验、检查的过程中，遇到电脑设置了密码，或者是电脑可能受到病毒、黑客入侵等情况，一定要及时寻求计算机专家的帮助，以免影响到电子数据证据的获取，最终影响到整个案件的侦破过程。

（四）电子数据证据的特殊要求

信息化时代，电子数据证据将会是未来财务会计资料的最主要证据。因此，我们有必要对固定电子证据的一些特殊要求进行详细说明。

1. 一定保证电子数据证据的原始状态

电子数据证据从发现，到现场取证，到扣押、封存，再到送交法庭，整个过程中应保持最初的获取状态不变。只有保证电子数据证据从获取到送交法庭没有发生任何的变化，电子数据证据才具有相应的法律效力。

获取之后的电子数据证据，如果要使用的话，一定是使用备份之后的证据，而不能使用原始的证据。原始的电子数据证据获取之后就直接封存了，只能留待送交法庭后使用。

2. 务必记录下完整的取证步骤、过程

侦查人员需要记录下取证时现场的所有人员；取证时采取的操作步骤；取证时现场见证人的签字等步骤和过程，防止法庭审讯过程中当事人对电子数据证据产生怀疑。

3. 电子数据证据取证时的错误操作

电子数据证据非常"脆弱"，如果哪些操作步骤、操作流程存在问题，都会影响到它的证明力，严重的还可能会使其丧失证明力。那哪些操作是错误的呢？

首先，面对一台关机状态的计算机，直接打开，这是错误的做法。应该怎么做？第一步，对计算机进行拍照记录，记录下计算机当时的所有状态，包括电线、各种连接器、机箱、电源、数据线等各种装备的状态。第二步，打开主机机箱，拆下来硬盘数据线、网线和电源线，防止数据在开机后被篡改。远程或者是各种网络篡改计算机数据的方式都是利用了数据线、网线和电源线这些设备，如果把这些设备拆卸下来，数据被毁坏的风险就会大大降低。第三步，开启计算机，不能进入本来的操作系统，需要启动BIOS将计算机带入基本输入输出系统。只有进入BIOS，计算机才能够准确记录系统日期和时间。准确的系统日期和时间，是获取电子数据证据的一个重要过程。如果BIOS的系统日期和时间与当前时间一致，就不需要做额外的操作了，如果不一致，我们需要记录下系统日期和时间与当前的日期和时间之间的差额，以备在后续进行电子证据分析时将这些差额考虑在内。这样三步之后，计算机就可以正常地获取电子数据证据了。

其次，面对一台开机状态的计算机，直接关机（准备关机、封存），这是错误的做法。应该怎么做？一台已经是开机状态的计算机随时都可能丢失重要的数据信息，在开机状态下，因为连接了硬盘数据线、网线等，数据会被远程操作而丢失。同时，一台开机状态的计算机再被关机时，开机状态运行的一些数据也会因为关机这一操作而丢失一部分数据。因此，我们关机的前提必须是已经尽可能地将现有的数据进行了保存和保护。所以，面对一台开机状态的计算机，不要关闭计算机，而应该直接切断电源。切断电源与正常关闭计算机的道理不同，它不会丢失开机状态下的现有数据。切断电源后，再按照上述关机状态下的计算机处理方式进行处理，即拍照、拆卸、开机记录。

第三，面对一台设置了密码且开机状态的计算机，请涉案单位的人员直接对其进行解码，这是错误的做法。我们要保证，任何情况下不要让涉案单位的人员再次接触计算机。如果此时让其说出密码，由我们的侦查人员去现场解码，那也是错误的。因为我们首选要做的不是解码，而是保证计算机现有的数据不被篡改和毁损，所以应该按照上述方法对开机状态的计算机进行保存和保护好之后，再考虑解码的问题。在该复制、保存的数据都处理好之后，在备份好的硬盘上再进行解码就不会出现丢失数据的问题了。

4. 电子数据取证时的基本步骤

一是要进行存储介质的保护。关机状态下的计算机、开机状态下的计算机、设置了密码的计算机等，无论哪种状态下的计算机都有各自的存储介质的保护方式。我们首先要做的是将这些存储介质保护好，避免数据遭到破坏。

二是要进行电子数据的收集。在备份好的电子数据中进行筛选，记录筛选好的电子数据的位置，然后对其进行取证。取证时，在备份好的数据盘中进行取证，对操作过程进行记录，有需要时进行打印。

三是要进行电子数据的保护。取证后的原始电子数据，要进行多次原始镜像备份后才可以放心地在备份数据中取证。而原始电子数据要充分地保护好，防止数据发生损毁、丢失。

四是要进行电子数据的分析。取证后的电子数据证据，要选择专业的计算机分析软件进行清洗、分析、处理、汇总等。有需要的时候，还可以请司法鉴定对其进行鉴定，并出具鉴定意见。

五是要进行电子数据的归档。未结案的电子数据证据，要整理清晰，分类保存，以备法庭上使用；已结案的电子数据证据，要按照不同案件、不同类别进行保存，或者交档案室留档备查。

5. 智能手机取证特殊要求

财务会计资料信息，除了存储在计算机中，有时也会以其他的一些形式存储在智能手机中，如APP信息，或者是图片、图表等其他信息。信息化时代，由于智能手机的便捷性，已经有越来越多的信息处理在智能手机中就可以完成，因此，我们也在更多的经济犯罪中使用智能手机数据证据。

智能手机里保存的数据也属于电子数据，因此，对智能手机进行取证与电子数据取证道理基本一样。但是，又由于智能手机有其特殊性，所以我们还是再详细说明一下。

智能手机取证涉及手机的 SIM 卡存储信息，手机内存或存储卡信息、移动网络运营商信息这样三部分。

手机存储的一些电子数据，既可以选择存储在 SIM 卡中，又可以选择存储在手机内存或存储卡中，所以不论是存在哪里，我们的提取证据方式都是一样的，即通过逻辑提取的方式。第一步，首先要注意保持手机原本的状态不要变，如手机原本是开机状态，那就保持开机状态（注意充电）；如手机原本是关机状态，那就保持关机状态。第二步，将手机放入信号屏蔽袋或者信号屏蔽箱中，防止在未获取证据之前手机信息被远程篡改、删除、损毁等。第三步，固定、封存、记录。第四步，将手机交由取证实验室（或鉴证中心）由专业人士进行取证。

移动网络运营商信息，我们可以通过运营商的后台服务器直接提取，而无须使用手机。这一部分信息包括用户的基本信息、使用日志、各种状态信息等，也包括通话记录。

如果我们想要提取的证据已被清除，可以采取两种办法尝试获取，一方面可以请计算机专家协助恢复数据，另一方面从移动网络运营商那里看看能不能找到蛛丝马迹，或者是联系有关的 APP 的服务商找到后台存储数据。

与普通电子数据证据的取证过程相同，智能手机的取证过程也需要全程记录、全程录像，即从智能手机被确定为取证对象起，一直到智能手机被送交法庭止，每一步都需要记录完整，每一个取证活动、运输活动都需要准确记录，需要保证没有任何一个环节有缺失。

三、财务会计资料证据的法律效力

（一）财务会计资料证据一般都属于间接证据

财务会计资料本身的特点决定了其间接证据的属性。

案例 1-14：

A 公司的一项销售业务，原始凭证为增值税专用发票、银行进账单。记账凭证的会计分录为：

借：银行存款　33900

　　贷：主营业务收入　30000

　　　　应交税费——应交增值税（销项税额）　3900

这一笔销售业务中包含的财务会计资料，增值税专用发票可以证明销售活动的发生，银行进账单可以证明银行存款账户的入账金额，这些资料都无法直接证明这项销售业务的主要事实。依据增值税专用发票、银行进账单而制作的记账凭证，其会计分录可证明销售业务的发生，但是由于记账凭证属于会计资料，是无法直接证明销售活动这一财务事实的。同时，我们也需要明白，销售活动这一财务事实是一个连续发生的事实，我们现在从记账凭证、原始凭证上所能够证明的只是这一连续发生的财务事实中的一个孤立的环节，无法证明全部的事实。因此，像这样的销售活动的证明就需要再借助其他的言辞证据组成证据链条。

（二）财务会计资料证据的证明方法

从以上分析中我们可以看出，财务会计资料间接证据在证明时需要进行全面收集，评估其证明效力。

1. 全面收集财务会计资料证据

以案例1-14为例，在销售业务发生之时，应按照销售业务发生的流程对财务会计资料进行全面收集，收集银行进账单、增值税专用发票、记账凭证、银行存款日记账等项目。这一套完整的针对这一笔销售业务的财务会计资料，可以组成一个证据链条，对该项销售业务的证明力会显著提高。

2. 全面评估财务会计资料证据

案例1-15：
公安机关经侦部门在侦查职务侵占案件时，将虚开的增值税普通发票（发票联）作为直接证据，用以证明犯罪嫌疑人侵占公司财物的事实。

上述案例中，虚开的增值税普通发票，只能证明采购业务的发生，无法确认款项支付之后的下落（是否为犯罪嫌疑人侵占），无法独立地证明犯罪嫌疑人侵占公司财物的事实。

因此，在具体使用财务会计资料证据时，应恰当评估每一份证据的证明效力，不能想当然地认为某项证据就可以直接证明案件事实，通常需要多项证据组成一个完整的证据链条。同时，也不能因为某项证据证明力弱，就放弃使用，否则可能会在证明案件事实时因为缺少某一个细小的环节而导致整个证据链条不完整。

四、财务会计资料证据的证明力

一般来说，财务会计资料越完整，每一项财务会计资料的证明力越强，越能够提高整体的证明力。

（一）单项财务会计资料的证明力

单项财务会计资料，如果从物证角度考虑的话，证明力通常是非常强的。它可以直接证明谁接触过这项资料，谁是这项资料的保管者（收集这项资料时的地点可确认保管人）等。例如，若某张记账凭证上有犯罪嫌疑人的指纹，通过指纹鉴定后能够证明犯罪嫌疑人曾经接触过这张记账凭证。再如，若某张收款收据上有犯罪嫌疑人的签名，通过笔迹鉴定，可证明犯罪嫌疑人确实收到过、确认过这张收款收据。

这些物证上的证明力通常是很直观的，没有什么异议的。但是从书证角度考虑的话，单项财务会计资料的证明力是非常弱的。

例如，一张收款收据的存根，其证明力是非常弱的。收款收据的存根联，只能证明这一联收款收据被启用了，并不能证明是否已被开具。因为不清楚其他联的下落，很可能这张存根联是伪造的，而其他联并没有被开具，而是被隐匿或故意销毁了。如果想要证明这张收款收据存根联所记载的内容是真实的，必须借助其他的财务会计资料，如与这张存根联相匹配的其他联，收款人的银行账户是否在特定时间收到了来自付款人的款项，收款业务如果是购销业务的话是否有增值税专用发票或者普通发票与之相匹配等。如果全面收集相关联的其他财务会计资料的话，便可以配合这张收款收据证实款项收付的财务事实，否则就会夸大证据的证明力，导致对案件事实的错误判断。

再如，资产负债表本身，也不能够直接证明当期会计核算的结果，因为资产负债表不能证明实际的资金运动过程，它只是一组数据罢了。如果要想全面证明资金运动的过程，让资产负债表具备应有的价值，需要由司法会计鉴定人对其进行鉴定、出具鉴定意见，以鉴定意见来证明资产负债表中数字的客观性。

（二）组合财务会计资料的证明力

1. 组合财务资料的证明力

组合财务资料，通常能够证明某项财务活动的事实。例如，证明某项采购活动，可以收集银行付款通知书、增值税专用发票、存货入库单等多张单项财务资料。但是如果组合财务资料中的某一项财务资料存在问题，那整体的证明力就会减弱。例如，一张收款收据中若未填写完整，如未填写收款事由的话，则只能证明有收款这件事情发生，但不能证明是因何种理由进行的收款。因为收款的理由也是有很多种的，有购销业务的收款，有借款业务的收款，有投资业务的收款等。

另外，财务资料的真实性，有时还需要通过会计资料或其他诉讼证据来进行辅助确认。如收款收据中的收款人签名，有时还需要辅助以笔迹鉴定才能够进行确认。

2. 组合会计资料的证明力

组合会计资料，通常是指一项会计事项所涉及的会计凭证、会计账簿等，这些资料可以证明会计核算过程和核算结果。

因为会计资料就是对财务事实的一个核算、反映，因此会计资料可以作为对财务事实进行证明的证据类型。例如，如果一张收款收据上有"已结算"的印章，但是在会计资料中，即记账凭证中找不到银行存款账户的相关交易，却在其他应收款、其他应付款账户中发现了与之相匹配的交易，那就说明该收款收据并未真正的已结算，而只是暂时挂在往来账项上。

从以上的分析中，我们可以看出，若想完整地证明财务事实和会计事实的话，需要一整套的会计资料，即记账凭证（附原始凭证）、对应账户的账簿页、账户余额表、会计报表等。

五、财务会计资料的识别

财务会计资料进行收集时,需要由专人对其进行识别,保证其真实性、准确性、合规性。具体识别时,需采用相当复杂的技术手段。

(一) 财务会计资料识别的角度

1. 真实性

对财务会计资料真实性的识别,就是识别财务会计资料是否真实地反映了财务事实、会计事实。例如,一张发票是否真实地记载了购销业务的全部内容,如果记载属实就是真实的,否则就是虚构的。现在社会上的假发票也很多,我们一般要识别这张发票是否真实(是否从税务局领用的,发票号是否属实等),发票上记载的内容是否真实(是否虚列金额,虚构时间等)。

2. 准确性

对财务会计资料准确性的识别,就是识别财务会计资料的计算过程、会计业务的记录方法等是否准确。例如,会计记账凭证中所列的会计分录,是否符合业务内容的要求,是否符合会计恒等式的要求,如果符合就是准确的,如果不符合就是错误的。

3. 合规性

对财务会计资料合规性的识别,就是识别财务会计资料的业务处理是否能够反映经济活动,是否符合企业会计准则和会计制度的要求。例如,按照企业会计准则的规定进行坏账准备的计提,如果任意改变计提方式就属于未按照业务处理的原则进行处理,即为违规。再如,选用会计科目时,未按照企业会计准则的要求选用适当的会计科目,即为违规。

（二）财务会计资料使用的条件

经识别后，满足真实性、准确性、合规性的财务会计资料可以作为诉讼证据使用。但是，未满足真实性、准确性、合规性的财务会计资料也可以作为诉讼证据使用。

例如，一张真实的增值税专用发票，可以证明购销业务的发生；一张虚假的增值税专用发票，虽然不能证明购销业务的发生，但可以证明这项业务本身是存在问题的，提供虚假发票的嫌疑人可能存在某种目的。

因此，财务会计资料只要具备应有的证据属性，不论其是否满足真实性、准确性、合规性，都可以作为诉讼证据使用，只是其证明角度不同罢了。从这个角度，我们还可以得出一个结论，那就是确实需要提前识别财务会计资料的真实性、准确性、合规性，因为是否满足这些条件决定了他们的证明角度的区别。只有提前（诉讼之前）了解了这些区别，才能够更准确地使用这些证据。

（三）财务会计资料识别的方法

根据财务会计资料表现形式的不同，我们可以总结两大类方法对其进行识别。

1. 技术手段

对财务会计资料使用技术手段进行识别，是最普遍的手段，主要包括司法会计检查、司法会计鉴定、笔迹鉴定等。

司法会计检查，即通过司法会计检查技术对财务会计资料进行审阅，具体的检查技术会在本书第二章进行详细介绍。通过司法会计检查技术，可以发现内容为虚假的、不准确的、违规的财务会计资料，如虚假发票、会计核算错误等问题。

司法会计鉴定，即通过司法会计鉴定技术对财务会计资料所反映的财务事实和会计事实发表意见，具体的司法会计鉴定技术会在本书第三章进行详细介绍。通过司法会计鉴定技术，可以识别会计处理的过程是否真实、准确、合规，可以识别财务事实和财务结果的真实性和准确性。

笔迹鉴定，即通过财务会计资料中涉及犯罪嫌疑人签名的地方，可以聘请笔迹鉴定专家对其签名进行鉴定，该鉴定结果可以作为鉴定意见用于识别财务会计资料的真实性。

其他技术手段，还包括其他各种鉴定[①]等，这些鉴定都与笔迹鉴定一样，是对财务会计资料的真实性的鉴定，其鉴定意见可作为诉讼证据使用。

2. 非技术手段

非技术手段，包括询问知情人、讯问犯罪嫌疑人等手段。这些手段主要靠言辞证据来识别财务会计资料的真实性。

例如，通过询问仓库保管员某项存货的出入库记录，可以从侧面反映出会计资料中的出入库会计凭证的真实性。当然，这种询问笔录是不能单独证明这件事的，需与其他的证据资料一起使用。

综上，技术手段与非技术手段二者可以结合使用，单纯使用其中之一都很难达到应有的效果。例如，我们用技术手段证实了某项增值税发票是虚假的，之后还可以再通过非技术手段获得犯罪嫌疑人的讯问笔录，将二者结合起来，对这项财务会计资料的识别就变得更加完整了。

（三）财务会计资料识别的分工

财务会计资料识别时的分工，主要是指司法会计人员与送检方（一般是指侦查人员）之间的任务分工。按照司法会计鉴定人的职责分工，应由送检方将财务会计资料交给司法会计鉴定人进行鉴定，司法会计鉴定人若发现财务会计资料不完整，可提出让送检方补充资料。因此，我们可以看出，司法会计鉴定人只能使用技术手段对财务会计资料进行识别，而非技术手段的任务是由送检方自己承担的。

---

① 例如对印章的鉴定、对指纹的鉴定、对字迹书写时间的鉴定等。

第六节　司法会计与审计的比较

司法会计与审计[①]有许多相同之处,几乎所有的对司法会计进行理论研究的书籍或文章,都会对二者进行比较分析,本书也不能例外。通过对二者的比较分析,我们可以更清晰地了解二者之间的相同点、不同点,这对研究司法会计理论与实务都是非常有帮助的。

一、二者的相同点

司法会计与审计,都是针对财务会计资料所进行的检查,因此它们的检查对象是相同的。同时,它们在对财务会计资料进行检查时所使用的的方法有时也是相同的,例如审阅法、复算法等。

二、二者的不同点

(一) 目的不同

司法会计是对诉讼活动中有关案件的财务会计资料进行检查和鉴定,出具相应的检查报告和鉴定意见的过程。因此,其目的是为诉讼活动服务的,是为诉讼活动寻找经济案件的相关证据的,这些证据可能作为将来的定案依据,可以解决相应的法律问题。

审计是对被审计单位的财务会计资料的合法性、公允性发表审计意见,该意见一方面可以为被审计单位的财务核算提供更精确的评价,另一方面

[①] 审计分为国家审计、注册会计师审计(社会审计)、内部审计三种。本节在进行司法会计与审计的比较时,以注册会计师审计为例,其他的审计暂不做分析。

可以帮助社会公众对被审计单位的财务状况进行深入了解，这就是审计的目的。

（二）方法不同

虽然司法会计与审计在某些方法上存在相同之处，例如都会采用审阅法、复算法等方法，但是在针对特殊问题时，司法会计因与案件的定性有关，在方法上要更加严谨一些，像抽样法等方法就不适用了。抽样法，是一种不十分准确的验证方法，对案件当事人来说可能存在误差，因此抽样法得出的结果如果作为案件定性的证据的话，可能会在法庭上受到来自双方当事人的质疑，在司法会计活动中是不适用的。但是，抽样法在审计活动中，却是常用的一种鉴证方法，这就是二者方法上的主要区别。

（三）范围不同

司法会计检查和鉴定活动的范围要大于审计活动的范围。审计活动，通常只围绕着财务会计资料进行，而司法会计活动还会对与案件有关的其他经济活动进行检查和鉴定。因此，从范围角度来说，司法会计的范围要大于审计的范围。

（四）结果不同

审计的结果是形成审计报告，在审计报告中对被审计单位的财务会计报告情况发表审计意见，这个审计意见的类型有很多，如无保留审计意见、无法表示意见等。这些审计意见的使用者，即股东、社会公众等，会根据这些审计意见的具体内容对被审计单位的财务状况进行自己的判断。

司法会计的结果是形成鉴定意见，在意见中利用自己的专业知识对被鉴定单位的具体情况进行客观说明。该鉴定意见属于法律规定的诉讼证据形式之一，在法庭上经过质证后就可以作为定案的依据，为法官、为双方当事人提供关于财务会计资料方面的证据支持。

第二章 司法会计检查

司法会计检查是什么？我们可以从这个词语的构成来进行分析。司法会计检查，很显然是一个偏正结构的词语，它的落脚点是检查，即一项与检查有关的活动。而修饰"检查"这个词的是司法会计，那就说明这项检查活动有两方面内涵，一方面说明的是检查过程中所使用的方法是与会计、审计有关的方法，另一方面说明的是这项检查活动是发生在诉讼活动中。

由此我们可以做一个总结，司法会计检查就是一项发生在诉讼活动中的，需要使用会计、审计有关方法的活动。但是，每一个需要用到司法会计检查的案件都有可能涉及若干个财务问题、会计问题。因此，司法会计检查活动，在每一个涉及的经济案件诉讼过程中都不会是仅仅出现一次的，有可能是多次开展司法会计检查活动，这个开展活动的次数与案件中涉及的财务问题、会计问题的数量是正相关的。有可能，一个财务问题、会计问题对应一次司法会计检查活动；也有可能，几个财务问题、会计问题结合起来共同对应一次司法会计检查活动；更有可能，一个财务问题、会计问题对应多次司法会计检查活动。具体情况要根据财务问题、会计问题的复杂程度、司法会计检查活动的难易程度来进行判断。

第一节　司法会计检查的目的

司法会计检查的目的，是由总目的和分目的组成的。总目的，即本次诉讼活动中所需要达到的总体目的；分目的，即每一个检查任务所需要达到的具体的目的。司法会计人员在设计案件[①]检查方案时，会首先确定检查目的，再根据检查目的来设计每一步的任务。因此，司法会计检查的目的，就是围绕着诉讼活动中应当查明的事实进行检查，这个事实就是经济案件中涉及的财务问题、会计问题。

为什么要将财务会计问题进行明确区分？因为从会计学的角度出发，财务与会计是两个概念。财务，是指经济活动，从筹集资金出发，经过生产、经营之后会获得收益，获得收益之后会进行利润分配，这就是财务活动。会计，是指管理活动，是对财务活动的核算和监督。因此，财务与会计是两种不同的活动，但二者之间又有着密切的联系。下面，我们就分别对经济案件中涉及的财务事实和会计事实进行系统阐述。

一、涉案财务事实

财务活动，是指从筹集资金出发，经过生产、经营之后获得收益，获得收益之后进行利润分配的一系列活动。与财务活动有关的经济案件内容，就属于涉案财务事实。

（一）涉案财务主体

涉案财务主体可以分为两类：一类为案件当事人，这类人会受到诉讼结果的直接影响；一类为其他涉案财务主体，这类人并不会受到诉讼结果的直

[①] 这里指的是涉及财务会计业务的案件，通常是指经济案件。

接影响，但也会受到一定的间接影响。

1. 案件当事人

案件当事人，是指与案件有着直接关系的人，例如经济犯罪案件中的犯罪嫌疑人、被害人都属于是案件当事人。

司法会计检查的目的就是查找、确认各类案件当事人以及查明各类案件当事人和案件的关系。

2. 其他涉案财务主体

什么是其他涉案财务主体？一个经济案件的发生，不仅仅涉及当事人、当事人所在的单位，还可能涉及与该案件的背景、起因、过程、结果有关的，在相关的财务活动中产生关联性的其他的财务主体。

案例2-1：

钱某涉嫌合同诈骗案。

犯罪嫌疑人钱某，虚构自己为A公司的总经理，并且虚构A公司即将进行一项大型建筑项目，以此骗取受害人李某500万元建造合同订金。钱某获取500万元订金后，一部分用于个人消费挥霍，另一部分汇入异地购买了大量的汽车、房屋。

在该案件中，犯罪嫌疑人钱某、被害人李某都是案件的当事人，但是在这个案件中还存在着其他的财务主体，如与交易有关的房产公司、汽车4S店，还有与资金流转有关的银行等。

（二）涉案财务行为

涉案财务行为，是指涉案财务主体在经济案件发生的过程中所实施的那些与经济案件中的财务会计资料、财物资料等有关的行为。

我们仍以案例2-1为例，该案件中涉及被害人李某向犯罪嫌疑人钱某转账 500 万元的财务事实，司法会计检查人员需调取被害人李某的个人账户交易流水，目的是查明这一笔交易是否是真实的，即查明整个案件是否有相应的财务行为发生。

（三）涉案财务过程

案件发生的过程中，涉案财务主体为实施自己的不法目的所进行的与财务业务有关的那些过程。涉案财务主体在实施不法的财务行为的过程中会遗留下各种痕迹，这些痕迹就拼成了整个的涉案财务过程。

我们仍以案例 2-1 为例，被害人李某与犯罪嫌疑人钱某签订建造合同，然后李某向钱某的账户转账汇款 500 万元，这个建造合同和银行转账凭据就证明了案件发生的过程，它们就是案件遗留下来的痕迹。

（四）涉案财务后果

财务后果，通过财务报表来反映。财务状况的变化体现在资产负债表、利润表以及其他报表中各项要素的增加、减少等，这些都是司法会计检查所需要收集的财务会计资料证据。

（五）涉案财务关系

财务关系，是指与财务活动有关的关系。财务主体在实施不法财务行为的过程中，会影响到财务关系的产生、变化、消亡等。

二、涉案会计事实

涉案会计事实，是指经济案件中涉及的与该案有关的会计记账、会计核算、会计报告等会计方面存在的事实。在经济案件中，一般会同时涉及财务业务和会计业务，所以涉案财务事实和涉案会计事实一般是同时存在的。但是，在一些特殊类型案件中，会计事实会是主要事实[1]。除了特殊案件之外，其他的案件中会计事实一般都不是主要事实，查明会计事实的目的是对财务事实进行侧面证明，起到佐证的作用。

（一）涉案会计主体

诉讼活动中，涉案会计主体包括两类人，一类是涉案当事人，一类是其他的涉案主体。涉案当事人，是指在诉讼活动中，诉讼结果会对其产生直接影响的诉讼参与人，一般就是指该经济案件中会计行为的实施者。其他的涉案主体是指在会计活动中涉及的除了涉案当事人以外的其他的涉案主体。例如，A公司是本案的涉案主体，而本案涉及的重要合同资料是A公司与B公司签订的，因此B公司就是本案的其他涉案主体。

（二）涉案会计行为

案件发生的过程中，涉案会计主体为处理经济活动中发生的各项业务所做的会计核算行为、会计监督行为，就是涉案会计行为。涉案会计行为，一般指会计核算行为，即通过查明会计核算中隐匿在其中的各种痕迹来获取相应的证据。

（三）涉案会计过程

案件发生的过程中，涉案会计主体所做的与该案有关的会计记账、会计核算、会计报告等过程。

（四）涉案会计后果

涉案会计后果，即与该案有关的那些数据信息等。与会计后果有关的数

---

[1] 例如，在涉及"隐匿、故意销毁会计凭证、会计账簿、财务会计报告罪"和"违规披露、不披露重要信息罪"这两类犯罪的案件时，会计事实会是需要查明的主要事实。

据信息一般存在于我们常看到的财务会计资料中。

(五) 涉案账务关系

财务会计资料中会存在数据间的对应关系,如银行存款记账凭证中的借方金额,与银行日记账中的当天借方金额是相同的;再如银行存款在资产负债表中的金额,与银行存款日记账中 12 月 31 日的合计金额是相同的。这些账务关系可能会出现很多组两两相等的情况,我们可以利用这些相等的关系来判断会计资料的真伪。

第二节 司法会计检查的任务

司法会计检查的任务可分为总体任务和具体任务。司法会计检查的总体任务就是要收集各种能够证明案件中涉及的财务问题、会计问题的相关证据。在司法实践中,根据每次检查的目的的不同,我们可以总结出以下四种不同的证据收集任务:

一、收集财务会计资料

大部分司法会计检查活动,都是围绕着收集财务会计资料展开的,因为财务会计资料是能够证明财务问题、会计问题的最直接的证据资料。财务会计资料可以证明经济案件所涉及的财务问题、会计问题的起因、过程、结果,但是司法会计人员需要根据每次检查的具体目的来设定具体任务,即收集财务资料、收集会计资料或者收集财务会计混合资料。

二、形成勘验、检查笔录

司法会计检查的过程中,通过勘验过程后必须形成与之匹配的勘验、检查笔录。该笔录是在司法会计人员进行勘验、检查后即时形成的,记录的是被检查对象在被检查过程中表现出来的所有信息。这个勘验、检查笔录,根据司法会计检查具体任务的不同,可分为多种不同的勘验笔录和检查笔录,视具体情况而定。

三、收集司法会计鉴定的检材

司法会计鉴定时需要用到的检材,是在司法会计检查的过程中获取的,所以我们在司法会计检查的过程中就需要有针对性地进行收集。例如:司法会计鉴定时,需要收集经济案件中涉及的财务会计资料、财物勘验笔录、可用于笔迹鉴定等的书面资料以及可能用到的指纹痕迹等。这些检材,就需要我们利用司法会计检查的过程,一项一项提取、收集、整理、汇总,以备鉴定使用。

四、核实证据

司法会计检查还有一个非常重要的任务,就是对收集到的证据材料进行核实。在诉讼活动中,若诉讼相关人对提交的财务会计资料、财物勘验笔录等证据材料存在疑问,就需要核实该证据的出处、真实性、符合性等。

案例 2-2:
犯罪嫌疑人钱某是 A 销售公司的总经理,负责 A 公司的总体运营管理。钱某将数十箱高档白酒以弥补前欠客户货物的名义,实际销售给客户 H 酒店,收取了货款540万元。应钱某的要求，H公司将该笔货款540万元全部存入了钱某提供的一个个人银行账户。钱某收到540万元货款后，在其个人控制的17个账户（涉及三省七市）之间进行转账。同时钱某控制的17个账户平时也十分活跃，除了接受这540万元转账之外，每日都有相当大业务量的各种转账支付业务。

鉴于钱某所控制账户的特殊性，侦查人员在侦办之初就遇到了相当大的困难。虽然通过公安部和A省公安厅查询系统，查到了钱某所控制的所有账户信息，也通过联网系统获取了所有账户的往来账务信息，但由于这些账户涉及的转账支付信息太多，一时之间找不到更好的办法将其进行区分、识别，此时司法会计师加入到了侦查的过程中。司法会计师根据案情很快地确定了检查目的，即合理区分这些银行账户中的资金转账支付信息。司法会计师列出了区分的原则、方法、公式，按照该思路进行检查，很快找到了案件中的关键点。

从这个案例中我们可以看出，具有明确的检查目的和检查任务的检查活动，才是最有意义的检查活动。

第三节　司法会计检查的主体

司法会计检查的主体，一般可分为基本主体与其他主体。

一、司法会计检查的基本主体

司法会计检查的基本主体，是指侦查人员等承担检查任务的司法机关人员。基本主体一方面可以自己实施司法会计检查，另一方面也可以指派或聘请具有专门知识的人实施司法会计检查,即组织法律允许的其他参与者参与司法会计检查。

二、司法会计检查的其他主体

司法会计检查的过程中,除了侦查人员是天然的司法会计人员以外,其他的主体在必要的情况下也可以参与其中,如见证人、案件当事人等。

1. 司法会计师等专家

司法会计师等专家,在基本主体的主持下,可与基本主体共同进行司法会计检查。专家,因其对司法会计检查活动经验较为丰富,因此参与活动能够提高司法会计检查的效率和质量。但是,如果将全部的检查任务都交给司法会计师等专家,笔者认为绝对是不妥的,很容易出现问题。

2. 涉案单位的财务会计人员

根据《刑事诉讼法》第52条规定[①],我们可以将涉案单位的财务会计人员也吸收到我们的司法会计检查队伍中,他们在队伍中扮演的是协助者的角色,是在侦查人员的主持下协助工作。

为什么要请涉案单位的财务会计人员协助进行司法会计检查呢?这个问题是与财务会计资料的复杂性有关的。一般来说,涉案单位的财务会计人员是最了解本单位财务会计资料的,有了他们的协助,整个的司法会计检查过程将会变得更加顺利。但是,我们也要小心一种情况,那就是涉案单位的财务会计人员与犯罪嫌疑人是同案犯、共犯或者是有某种不为人知的私人关系

[①]《刑事诉讼法》第52条规定:必须保证一切与案件有关或者了解案情的公民,有客观地充分地提供证据的条件,除特殊情况外,可以吸收他们协助调查。

时，这时他们的协助可能就会起到相反的作用，这是需要侦查人员提前甄别判断的。

案例2-3：

检察院公诉人徐某在审查钱某涉嫌职务侵占案的案卷时，发现该案卷的财务会计资料存在问题。这个问题不像是专业人士所为，即放到案卷里的财务会计资料证据与案情基本都没有关联，也就是说这些资料基本没有可证明性。同时，真正应该证明案情的财务会计资料证据在案卷里又都找不到。公诉人员徐某怀疑侦查人员在整理案卷时可能遗漏了，或者是疏忽了，于是联系了侦查人员。

侦查人员如实告诉公诉人详情：侦查人员本身对财务会计资料并不了解，于是就委托案发单位的财务会计人员进行资料的整理和搜集。而案发单位的财务会计人员虽然对于财务会计资料了解，但对于证据并不了解，所以不清楚哪些财务会计资料可以作为证据使用。于是，财务会计人员就根据自己的理解提交了一部分资料。

综上，我们可以总结出，在请案发单位的司法会计人员协助进行司法会计检查的过程中，一方面要确定财务会计人员与该案件本身或者是与犯罪嫌疑人并没有什么特殊关系，防止共同作弊的问题；另一方面要确定财务会计人员是否具备搜集能够证明案情的财务会计资料证据的能力，防止最终因证据不符合要求而影响到最终的案情走向。

3. 见证人

见证人是为维护司法活动的公平公正的效果，主动参与到活动中的普通公民。

见证人通常是受侦查人员的邀请对案件中的证据、办案过程等进行见证，目的是为维护司法的公平、公正。但是，并不是所有人都可以成为见证人，还需要考虑见证人与本案涉及的所有人员之间是否存在利害关系，如果存在某种利害关系,那就无法成为见证人。若侦查人员未发现这种利害关系,而邀请了见证人对某项证据的获取进行了见证,最终有可能影响到该项证据的法律效力,甚至是导致该项证据无效。

4. 案件当事人

案件当事人,是诉讼活动中,诉讼结果会对其产生直接影响的诉讼参与人。这一点,我们在前面的章节中已经做过具体论述,这里就不再赘述。

第四节 司法会计检查的内容

司法会计检查,主要是对被检查单位的财务会计资料和财产物资的检查。这两种检查在方式、方法上存在着较大的不同,因此本节对此进行分开阐述。

一、财务会计资料检查

财务会计资料种类繁多,每种财务会计资料又都有着各自的特点,因此在具体进行司法会计检查时,我们应根据不同财务会计资料的特点采取不同的检查方式。

原始凭证,主要检查其真实性、完整性。一是检查与案件有关的原始凭证是否真实,即检查原始凭证有无伪造、变造等情况。例如,采用涂抹的方式更改了原始凭证中的日期或者数字,采用造假的方式自制(或者购买)了一张虚假的增值税专用发票等。二是检查与案件有关的原始凭证是否完整,即是否能够完整地反映经济业务的过程。例如,一项采购业务,与之相匹配的原始凭证应包括转账支票、增值税专用发票、运输费发票等,如果中间缺少了任何一项原始凭证,都需要追查原因。三是检查原始凭证是否符合会计准则的规定。例如，是否存在白条抵库、收据入账等不符合规定的情况。

记账凭证，主要检查其填制内容等。一是检查记账凭证的填制内容是否正确。例如，记账凭证上的会计分录如下：

借：银行存款　2000
　　贷：库存现金　2000

同时，这张记账凭证的摘要写的是"提现备用"。很显然，摘要与会计分录的内容严重不符，可能存在舞弊的行为。二是检查记账凭证的填制内容与其所附的原始凭证是否一致。例如，记账凭证上的摘要和会计分录表示的都是提取现金备用，但是原始凭证所附的却是银行存款进账单，这就属于严重不符的情况，需要深入检查。

会计账簿，主要是检查会计账簿的记载是否真实。一是检查会计账簿的记载与会计凭证的项目、金额、方向等是否一致。例如，银行存款的日记账是根据记账凭证进行登记的，需要重点检查登记的方向、金额是否一致，如果方向登记反了，会导致结果差异较大，这也是有可能存在舞弊的地方。二是检查会计账簿中的记载是否都可以在记账凭证中找到依据，防止任意改变会计账簿金额的情况。

会计报表，主要检查会计报表的真实性、完整性。一是检查会计报表所列数据是否真实，可以采用复算、核对、比对等方式进行计算，以检查出会计报表数据内容是否存在异常。二是检查会计报表所列数据是否完整，即内容、种类等是否有漏记漏填的现象。三是检查会计报表中相关数据之间的勾稽关系，包括表中数据之间的勾稽关系，也包括表间数据之间（资产负债表与现金流量表等）的勾稽关系，主要是通过实际计算来进行检查。

二、财产物资检查

企业生产经营的过程中，除了产生财务会计资料，还产生了相当多的财产物资。针对财产物资的检查，主要采用实地盘点法。不论是资金类财产物资，还是存货类财产物资，实地盘点都是最为实用的检查方法。

实地盘点的过程中，应注意两点：一是注意查看财产物资的归属，即查看其是否为临时凑数从别处借调过来的，而原本并不属于被检查单位的财产物资。例如，司法会计鉴定人在对存货进行实地盘点时，要通过查询存货的编号、查看存货的实物等方式确认现在盘点的存货确实归属于被检查单位所有。二是注意查看是否有以次充好等情况，即注意查看货物的品质与明细账中记载的品质是否一致，以防有些仓库保管人员为应对检查以次充好等情况。

第五节　司法会计检查的方法

司法会计检查，就是指在诉讼活动中运用会计、审计的方法对被检查单位的财务会计资料和财产物资进行检查。因此，司法会计检查的方法，一定是与会计、审计的方法比较相似。但是，又由于司法会计检查是发生在诉讼活动中，因此其对会计、审计的方法进行使用时应有选择性，也应有自己独特的方法。

一、审阅法

审阅法，即对被检查单位的财务会计资料内容进行审阅，通过审阅判断财务会计资料的真实性和完整性。

一是收集证据。通过审阅被检查单位的财务会计资料，可以发现其中记录不合理、内容不完整、可能存在舞弊情况等问题，最终收集和固定与案件有关的证据资料。

二是查找线索。通过审阅嫌疑账项，可发现与案件有关的线索。

案例 2-4：

司法会计师钱某在审阅某销售公司会计凭证时，发现有一张记账凭证的会计分录如下：

借：销售费用——运输费　100000
　　贷：银行存款　100000

该记账凭证后附两张原始凭证，即银行付款凭证和运费发票。从表面上看这张记账凭证一切正常，但司法会计师钱某根据该公司平时的运输量进行估算，感觉该公司应该使用不了这么多运费（即运输量没有这么大），于是决定对这张记账凭证进行深入调查。

深入调查后发现，该笔款项经过了多次转账（多次在销售员小 A 控制的 7 个账户之间进行转账），其中有 7 万元款项是打到了某领导的银行账户里。因此，有理由怀疑这笔运输费用是该销售公司用于向某领导进行行贿所使用的的资金。于是，司法会计师钱某将该案件线索报告给监察部门，后一举破获了某领导收受贿赂案件。

三是查明证据。检查的过程中，针对案件当事人、证人等其他人或单位提供的财务会计资料证据，通过审阅法查明这些证据的真实性、完整性，查明其是否可作为诉讼证据使用，证明力如何等。

四是检查资料。检查的过程中，通过审阅现有的财务会计资料可发现被检查单位是否已经提供了完整的财务会计资料，是否有藏匿其他资料的可能性。

案例 2-5：

侦查人员在调取 A 销售公司全部财务会计资料时，发现该公司竟然未设置库存商品账户和账簿，这一点比较奇怪，不符合销售公司的账务特点。于是，侦查人员对 A 销售公司的会计钱某进行了询问。最初，钱某说 A 销售公司的业务比较特殊，所有购买的商品都是"即买即卖"，即完全不存在库存商品，因此就没有设置库存商品账户和账簿。侦查人员对此并不十分相信，可是又找不出相应的证据来解决这一问题，于是邀请了司法会计师徐某来共同检查。司法会计师徐某在审阅 A 销售公司的财务会计资料时发现，该公司有相当大一部分都是进出口贸易，所以在应收应付相关账户的核算时会采用即时汇率，但是在应收应付的往来账簿上却没有注明即时汇率具体是多少，这是不合理的地方。所以司法会计师徐某怀疑该公司还有一些备查账簿未向侦查人员提供，很可能这些备查账簿中隐藏了什么不可告人的秘密。于是，在侦查人员的讯问下，会计钱某终于交代了全部事实，将隐藏的全部账簿交了出来，包括库存商品账簿和一些备查账簿。最后，侦查人员和司法会计师根据这些隐藏的账簿发现了该公司涉嫌参与洗钱的线索。

二、复算法

复算法，是会计检查的一种方法，与数学中的验算原理相同。具体来说，就是利用财务会计资料中一些项目之间的勾稽关系进行重新计算，将重新计算的结果与原计算结果进行比对，以此发现线索、辨认出嫌疑账项、确定检查重点等。复算法，不需要应用到所有的财务会计资料中，我们检查时只需要针对部分数字进行复算即可。以下就是需要复算的项目：

一是有可能作为证据使用的资料。当某项财务会计资料被提取出来，有可能作为诉讼证据使用之前，我们需要对其数字的真实性进行确认，这时候复算法就是比较合适的一种检查方法。如果复算后，发现存在错误，就可以即时确定嫌疑账项、确定检查方向；如果复算后，发现没有问题，就可以作为诉讼证据使用，保证其证明力。

二是需要重点检查的资料。每个案件的性质不同，决定了每个案件需要重点检查的账项是不同的。例如，在职务侵占案件中，重点检查的就是库存现金、银行存款类资金账户，因此这些账户在检查初期就已经被确认为是需要重点检查的资料了。针对这些需要重点检查的资料，对其进行复算，如果发现存在问题，就可以即时确定嫌疑账项、确定检查方向；如果复算后，发现没有问题，就可以作为诉讼证据使用，保证其证明力。

三是检查过程中发现的计算有误的资料。司法会计师针对检查过程中发现的可能存在记录错误或者舞弊行为的数据，通过复算法验证其真伪，可以找到错误的原因或者是舞弊的线索。

案例 2-6：

司法会计师钱某在对 A 公司的财务会计资料进行检查的过程中，发现 2022 年 1 月 31 日的付款凭证 39 号中记录的会计分录如下：

借：其他应收款　10 万
　　贷：银行存款　10 万

该记账凭证所附的原始凭证为公司销售人员小李向公司借款 10 万元的借条。司法会计师钱某随即对根据该凭证所登记的其他应收款账簿进行核对，发现其他应收款明细账中登记的金额是 1 万元。会计凭证为 10 万元，会计账簿为 1 万元，到底是会计人员登记有误，还是存在其他的财务舞弊行为？此时，司法会计师钱某就可以采用复算的方式对其他应收款账户余额进行计算，以此来判断真实情况到底如何。

案例 2-7：

司法会计师钱某在对 A 公司的财务会计资料进行检查的过程中，发现 2022 年 1 月 31 日的付款凭证 40 号中记录的会计分录如下：

借：应付账款——甲公司　10 万
　　贷：银行存款　10 万

这个会计分录表明 A 公司是用 10 万元银行存款归还了前欠甲公司的货款（也可能是采购货物支付预付款）。但再看会计分录的摘要时，司法会计师钱某发现摘要为"A 公司采购甲公司货物，货款待付"。很明显摘要与会计分录的内容不符，可能存在记账有误的情况，也可能存在财务舞弊的行为。此时，司法会计师钱某就可以采用复算的方式对应付账款账户的余额进行计算，以此来判断真实情况到底如何。

三、核对法

核对法，是针对财务会计资料中本身存在勾稽关系的一些数据进行核对的方法。在诉讼中，不同内容的核对，核对的目的和方法存在区别。

记账凭证与原始凭证间的核对（证证核对），主要目的是查明记账凭证所记录的内容，如摘要、会计分录、金额、经办人等，与原始凭证所记载的内容是否相同。

会计账簿与记账凭证间的核对（账证核对），主要目的是查明会计账簿所登记的内容，如摘要、金额、账户方向等，与记账凭证所记录的内容是否相同。

会计报表与账簿间的核对（账表核对），主要目的是查明会计报表中所列示的会计账户的金额和方向，与会计账簿所登记的内容是否相同。

会计报表与会计报表间的核对（表表核对），主要目的是查明不同的会计报表间存在勾稽关系的各项数据金额是否相等，方向是否一致。

四、比较法

比较法，主要是为发现财务会计资料中的异常项目所使用的的方法，将几个财务数值或者财务比率与正常的数值或比率进行比较，就会发现嫌疑账项。接下来，对嫌疑账项进行检查，就会起到事半功倍的作用。

（一）数值比较

数值比较，是指对发货量、库存量等数值进行横向或纵向的比较。通过比较，可以找出数值差异的账项或违反规律的账项，将其作为嫌疑账项。

（二）比率比较

比率比较，是对资金利用率、利润率等比值进行横向或纵向的比较。比较后，再选出比率变化较大的期间进行重点检查。

案例 2-8：

司法会计师钱某发现 A 贸易公司的采购员小张可能采用了虚报采购成本的方式进行职务侵占，于是将采购员小张经手的商品采购业务作为重点项目进行检查。检查过程中，司法会计师钱某发现一项"途中损耗"可能存在问题，发现的过程是这样的：司法会计师钱某对小张经手的采购业务的损耗率进行核算，发现其损耗率为 3%，而 A 贸易公司其他采购员的损耗率在 0.5%—1% 之间，同时再与行业内其他公司的相同产品的损耗率进行比较，小张的损耗率仍然是远远高于其他人的。因此，司法会计师钱某决定对采购员小张的损耗问题进行重点检查。最终，通过检查发现了采购员小张与运输车队负责人小 C、车队司机小 B 等人员合谋侵占 A 贸易公司财物的事实。

五、勘验法

勘验法，实地盘点的一种方法，针对的是实物资产。对实物资产的盘点，主要是查看库存商品的数量、品种、规格等是否与账目记载相符，同时要注意查看是否有以次充好的现象。勘验结束后，要填写勘验、检查笔录。

第六节　司法会计检查的程序

司法会计检查的过程中，应遵循什么样的操作步骤，这就是司法会计检查的程序。当然，司法会计检查的内容是有区别的，因此，司法会计检查的程序也会根据内容的变化而变化。但是，不论程序如何变化，其总体的检查阶段是一样的，都是从准备阶段、实施阶段，再到终结阶段。

一、准备阶段

当一项司法会计检查任务已经确定好之后，首先要做的就是准备工作。

（一）明确目的

司法会计检查的目的，是司法会计制订计划、确定检查范围、设定操作步骤的基础，也是前提。

案例2-9：

J市的A销售公司，在L市设置了办事处。办事处设有一名会计小李和一名出纳钱某，会计小李产假期间将工作临时交给了出纳钱某接管，在此期间办事处主任发现钱某可能存在侵占公司财物的现象，于是向A销售公司报告，A销售公司随即报警。

经侦民警小陈对该案进行侦查时，出纳钱某供述作案过程如下：钱某制作了向A销售公司汇款的虚假汇款单，并将汇款金额记录在了办事处账面上，于是办事处就减少了银行存款的账面金额。会计分录如下：

借：其他应付款　25万
　　贷：银行存款　25万

根据该记账凭证，出纳钱某从办事处的银行账户提取了25万元。随后，出纳钱某就找了一个理由从办事处辞职。接任钱某的出纳小孙，会计小李在整理账目时发现了该项会计分录的漏洞。

该案件进行司法会计检查的目的是确认出纳钱某侵占办事处财物的事实，于是经侦民警小陈到L市取证，聘请了司法会计师与其同行，对涉案单位的财务会计资料进行全面检查，针对与出纳钱某有关的财务会计事项进行重点检查和取证，最终获取了相应的财务会计资料证据。

从这个案例中我们可以看出，首先确定好侦查目的是司法会计检查的前提，有了这个侦查目的，接下来需要完成的任务、程序都围绕着这个目的展开，就不会偏离方向。

（二）明确任务

司法会计检查的任务分为总任务和分任务。总任务是在确定司法会计检查目的时同时确定的任务要求，但具体进行检查时，每一个检查过程可能还包含着若干个检查任务，这些任务就叫作分任务。

（三）明确范围

司法会计检查的范围，包括时间范围和资料范围。

时间范围，即检查哪些财务会计资料，是仅检查当前期间的，还是需要追诉到以前好几个期间的，这要根据案情的需要进行明确。

案例2-10：

接案例2-9。办事处发现出纳钱某侵占公司财物的事实，是从会计小李休产假开始的，因此我们可以将检查的时间范围确定为会计小李休产假开始，到出纳钱某从办事处辞职为止。但是，在确定时间范围时还需要考虑一点，那就是作案人的作案行为是偶发的，还是连续的，如果出纳钱某不只是存在这一项职务侵占行为的话，我们确定的时间范围就需要更长一些，这需要根据案情具体问题具体分析。

资料范围，即检查财务会计资料中的哪些资料。财务会计资料范围相当广，如果我们进行全面检查的话，肯定会耗费很多人力物力。因此，从节约成本角度出发，需要确定下哪些财务会计资料才是需要重点检查的。以案例

2-10 为例，出纳钱某涉嫌的是职务侵占行为，因此我们可以锁定办事处与 A 销售公司之间的往来账项，还有钱某能够接触到的与公司财物有关的账项，如库存商品、库存现金、银行存款等。将这些资料范围确定好之后，我们的检查工作将会更有目标，效率也会因此提高很多。

（四）明确步骤

司法会计检查的步骤，要按照司法会计程序的要求进行，即每一步应做哪些事，先做哪些事后做哪些事。但是由于每次司法会计检查的对象都不尽相同，因此检查步骤也会有所区别，这个需要具体问题具体分析。

（五）其他准备工作

在进行司法会计检查的实施阶段之前，还需要准备好的其他工作，包括人员分工、必备工具、应急预案等。这些工作对司法会计检查工作的最终完成都有着重要的影响，提前准备好这些内容，能够起到事半功倍的效果。

二、实施阶段

司法会计检查的实施阶段，是指经过了一系列的准备工作之后，真正要开始进行检查的阶段，即侦查人员到被检查单位提取财务会计资料的阶段，此项活动既可以是由侦查人员亲自检查，也可以是由侦查人员和侦查人员指派或聘请的司法会计师共同进行检查。

检查真正实施前，要准备好检查方案，即根据案情明确检查目的、任务、范围、步骤、人员分工等，还需要准备好相应的检查文件、文书等。

以上准备工作做好之后，接下来就是实施检查的阶段。检查主体根据设定好的检查方案开始对被检查单位的财务会计资料进行检查、取证、填写各种文书等，这些都是实施检查阶段的内容。

三、终结阶段

司法会计检查的实施阶段结束后,侦查人员或者司法会计师需要填写《司法会计检查报告》,将检查的基本情况进行记录,办理相关手续,结束检查任务。

检查报告的格式,参考图2-1。

司法会计检查报告

×鉴字[20××]第×号

检查依据与事由。
检查事项。
接受检材概况。
一、检查(检查所见及检查结果)。
二、检查结果。

××司法会计鉴定中心
(检验、业务专用章)
司法会计师:×××(签名)
司法会计师:×××(签名)
××××年××月××日

附件1:
附件2:
……

图2-1 司法会计检查报告

第七节　司法会计检查案例分析

这一节，我们以信息欺诈类犯罪①的相关案例为例，来举例说明司法会计检查在经济犯罪案件侦查过程中的具体程序和方法。

财务舞弊行为，反映到经济犯罪中，就会涉及"欺诈发行股票、债券罪""违规披露、不披露重要信息罪"，但这两个罪名发生的时间不同。"欺诈发行股票、债券罪"是发生在上市之前，即公司使用欺诈（财务舞弊行为）的方式使得自己通过IPO的审核，从而实现上市的目的；或者是使用欺诈的方式使得自己获得发行债券的权利。"违规披露、不披露重要信息罪"是发生在上市之后的财务造假行为。

很显然，公司上市后会为他们带来超级大的利益回报，同时维持自己上市的身份会使自己的利益回报变成持久性的，这就是为什么这些公司趋之若鹜又铤而走险的原因。

该类案件的违法犯罪成本较低。在《刑法修正案（十一）》②发布以前，主要的处罚措施有三类：一是由中国证券监督管理委员会对其尚不构成犯罪的财务舞弊行为做行政处罚；二是由法院对相应犯罪进行刑事处罚；三是由法院对其因财务舞弊行为给投资者带来的经济损失做民事处罚。以上处罚中，最重的刑事处罚是有期徒刑五年，与其犯罪所带来的影响相比，其犯罪成本显然是很低的。

为进一步规范、保障市场经济的快速、健康、有序发展，《刑法修正案（十一）》调整了该两类罪名的刑罚，相信这会给那些意图通过财务舞弊来实现上市目的的人敲响警钟，希望他们能够深知后果的严重性。

财务舞弊的目的是虚增利润，以满足上市的要求和维持上市身份的需求。

---

① 信息欺诈类犯罪包括欺诈发行股票、债券罪、违规披露、不披露重要信息罪。
②《中华人民共和国刑法修正案（十一）》由中华人民共和国第十三届全国人民代表大会常务委员会第二十四次会议于2020年12月26日通过，自2021年3月1日起施行。

因为大部分的投资者进行投资时，都会首先看被投资单位的利润指标，通过这些利润指标就可以判断出被投资单位未来的发展走向，以此决定是否进行投资。

虚增利润的手段分两种：一是虚增收入，二是虚减费用。下面我们就具体来探讨下这两种手段的操作方法。

一、虚增收入

虚增收入，就可以让拟上市公司、上市公司的财务报表变得符合要求，利润看起来非常好看，能够吸引投资者的目光。常见方法有以下两种：

（一）提前确认收入

提前确认收入，就是将未来会计期间内可能是本公司的收入先在本会计期间进行确认。简单来说，就是将明年的收入，提前到今年确认，这样就可以实现今年的盈利目标，主要为了满足上市节点的需要或者是维持上市身份的需要。例如，很多公司的业务收入按要求是需要按照"完工百分比法"进行确认的，那为了将今年的收入多确认一些，就可以加大今年的完工百分比（虚构的，事实上没有完工那么多）。再如，有一些公司会存在预收账款的现象，如果将预收账款提前确认为当期收入，也是属于提前确认收入的情况。这种情况多发生在一些房地产企业，他们的预收账款较多。提前确认收入的问题都可以通过对工程进度的实地考察来发现，因为实际的进度与会计账上确认的进度是不一致的。

（二）虚假确认收入

这种为了增加收入，直接虚构一些项目来增加主营业务收入、其他业务收入，以及对应的应收账款、其他应收款的方式，其实就是直接在进行财务造假，是最严重的财务舞弊行为。

例如，一些公司会虚构一些赊销业务，一方面增加主营业务收入，另一方面增加应收账款的金额。但是这种赊销业务本身并不存在，所以他们只是为了满足本年度的虚增任务。到了下一年度，他们通常会采用两种方式来解决上年度遗留下来的虚增问题，一是直接做一个相反的会计分录，将赊销的业务取消；二是将赊销的业务做实，与对方单位伪造一系列销售资料，包括合同、发票、运输单、银行进账单等，直接真正地将应收账款确认为银行存款。两种方式都存在较大的漏洞，是我们进行司法会计检查时需要重要考虑的环节。

再如，有一些更加大胆的公司，会直接虚构客户，通过伪造与虚构的客户之间的交易内容，来虚增收入。这种虚增收入需要虚构的内容非常多，从销售合同、银行进账单、增值税专用发票等一系列资料上，都需要进行虚构，而且虚构的银行进账单等属于金融凭证，如果达到一定金额会构成伪造金融票证罪，这个罪名的刑罚较重。

总之，在虚增收入这方面，我们需要重点关注与收入有关的这些账户，从"主营业务收入""其他业务收入"到与之相对应的"应收账款""其他应收款"，包括"银行存款"等其他相关账户。通过这些账户的金额的变化，查找相应的原始凭证，从中找到蛛丝马迹。也可以通过账户之间的对应关系进行追踪，例如与收入的大幅度增加对应的应该是费用、成本等账户的增加，但如果没有看到费用、成本的同比例增加，就说明可能会存在虚增收入的问题。

二、虚减费用、虚减成本

虚减费用、虚减成本，就可以使得利润得到虚增，这也是虚增利润常用的办法。

（一）虚减当期费用

利用费用化、资本化之间的转换关系，来将本应费用化的支出按照资本化的方式进行记账，这样就可以虚减当期费用。通常我们会在研发支出较多的企业中看到这种操作。按照企业会计准则的要求，研发支出符合资本化条件的才可以计入资产中，不符合资本化条件的要在费用发生的当期计入当期费用中。但是有的企业为虚增利润，会将本应计入"管理费用"中的费用化支出，计入"开发支出——资本化支出"中。这种做法，一方面减少了当期的费用，使得利润得到了增长；另一方面还增加了资产的数额，对财务报表来说进行了双重粉饰，使得报表看起来非常完美。除了研发支出，一些在建工程也存在这种运作手法。按照企业会计准则的规定，在建工程完工投入使用后发生的费用，需要在发生时计入当期费用，不能再按照在建工程时的标准进行资本化处理了，但是有的企业仍然将其进行资本化处理，以此通过虚减费用的方式来虚增利润。

（二）递延当期费用

利用会计分期，将当期应扣除的费用递延到下一个会计期间，这样就可以使当期的利润增加。例如，固定资产的折旧方法经常被利用作为虚减费用的方式，如果想让当期费用递延到下一个会计期间就可以改变固定资产折旧方式，少计提折旧。再如，在当期发生的管理费用、销售费用，也采用递延的方式，在下一个会计期间再进行核算。

（三）虚减当期成本

未按照销售收入与销售成本相配比的原则去正常结转当期的销售成本，故意降低当期应结转的销售成本，这样就可以通过虚减当期成本的方式达到虚增利润的目的。这种方式，一方面要更改当期存货的数量和金额，这是为了让存货与结转的销售成本总额能够与当期的销售收入进行匹配；另一方面要人为地降低当期应结转的销售成本。

总之，虚减费用、虚减成本的方式都是为了通过对成本费用的减少来达到增加利润的目的。还有一些方法，也可以达到这个目的，如少记负债、少记支出等，道理都与此相同，这里就不再赘述。

三、后期处理方式

通过虚增收入、虚减费用（虚减成本）的方式，使得当期的利润得到了虚增，那下一个会计期间应该怎么做呢？

每一个财务舞弊行为的背后，可能都需要更多的财务舞弊行为来为其"抹平"痕迹。但是舞弊行为的持续进行，早晚会因为再也无法"抹平"而露出破绽。"抹平"痕迹的方式也有很多。如果最初的时候是为了要上市而做的财务舞弊，那在成功上市后，就会出现巨额亏损的情况。一方面，要将之前所做的连续三年的利润在上市后冲减掉，可能会选择大量计提减值准备、计提坏账等；另一方面，也可能要将未来几年的收益用于抹平当期的收益。如果不这么做的话，前期虚增的利润无法消化。但是上市公司通常会集中在某一个会计年度进行消化，因为如果每年消化一点儿的话，可能会导致每一年的利润都不符合持续上市的要求，那就更糟糕了。

但是，上市后，为维持上市的身份，上市公司可能存在继续舞弊的风险，也就是不仅仅要考虑之前的舞弊结果如何消化的问题，还要考虑未来几年如何继续舞弊的问题，那就导致整个账目变得越来越无法"抹平"，最后就错漏百出，直至无法挽回的地步。

第八节 司法会计检查所获证据的法律效力

司法会计检查所获取的证据，包括直接证据，如书证等，也包括间接证据，如勘验、检查笔录等，更包括通过一定技术手段获取的电子证据，如会计电算化的后台数据。这些证据的法律效力，存在多样性，是非常复杂的，值得深入思考。本节以会计凭证、银行交易记录、电子证据等三项内容为例，来分析这些证据的法律效力。

一、司法会计检查获取证据的法律效力分析

（一）书证的法律效力

书证，是司法会计检查中占比非常大的一类证据，包括会计凭证、银行交易记录、税务机关的完税凭证等。

会计凭证，数量大且繁杂，可能存在非常多的问题。在实际勘验、检查时，侦查人员或者是司法会计人员（侦查人员可聘请专业人士参与勘验、检查，由侦查人员在现场主持这项工作）可能会出现忘记记录勘验、检查笔录，或者是在勘验流程上因缺少某个步骤导致证据效力降低的情况。同时，由于诉讼实务中，很少有对会计凭证申请司法会计鉴定的，大部分案件针对会计凭证都是直接使用，作为直接书证，这也导致会计凭证的证明方式受到质疑。

银行交易记录，是银行留存的客户账户往来业务的凭据。以前，勘验、检查人员（侦查人员，或者是由侦查人员带领司法会计人员）需要亲自到各家银行调取交易记录，由于流程特别烦琐，各家银行的交易记录也可能存在各种形式不一的情况，导致交易记录在诉讼活动中的使用受到诸多限制。近几年，随着经济领域犯罪的逐年增多，公安经侦部门已经与人民银行、商业银行建立起了交易查询系统，公安部经侦局、各省公安厅经侦总队都设立了各自的查询系统，可以交叉结合使用。现在，经侦部门可直接通过网上查询专线实现对银行交易记录的提取，还可以实现更多的功能，例如冻结、止付等防控功能。从这个角度说，经侦部门提取的银行交易记录真实性、完整性是可以得到有效保证的。但是对交易记录进行有效审查，却是目前最可能出现问题的环节。有些勘验、检查人员受到自身专业能力的限制，未能通过交易记录发现可疑数据，或者是未采取充分审查的方式导致未能发现账外账、假账等游离于交易记录之外的特殊情况。因此，对银行交易记录的勘验、检查，主要还是依靠侦查人员或者是司法会计人员的专业能力，而专业能力的水平决定了银行交易记录的证据效力。

（二）勘验、检查笔录的法律效力

对会计凭证、会计账簿、财务会计报告等会计资料进行勘验、检查的时候，需按要求及时、全面地进行记录，这个记录就是我们常说的勘验、检查笔录，由勘验人员亲自记录。一般来说，勘验、检查笔录可作为直接诉讼证据使用，具有较高的权威性。但在实践中，往往出现勘验笔录存在瑕疵而导致其法律效力不足的问题。

勘验人员的专业知识决定了勘验、检查笔录的法律效力。勘验人员如果专业知识不足还亲自主持勘验，可能会出现因不清楚应具体检查哪些会计资料，导致应检查的未检查，或者是盲目相信某些会计资料是应检查的，结果丧失了全部提取的机会，最终使得会计资料证明力不强。

勘验人员受专业能力限制或者是疏忽大意，导致缺失法定勘验流程，使得勘验过程因不符合流程要求而使得会计资料证明力不强。

勘验人员所做的勘验、检查笔录存在杂乱无章、缺乏细节、无法前后印证等情况，如应记录的勘验过程未记录，应记录的勘验具体方法和结果未记录等情况，这些都可能导致会计资料的证明力不强。

（三）电子数据的法律效力

近二十年来，几乎所有的单位都采用了会计电算化记账方式（也有的单位两套方法并行，即采用会计电算化记账后，再将其打印出来装订成册），还有的单位业务往来完全采用网络模式，各种交易凭证都通过网络传输、下载、使用。

针对电子数据的勘验、检查，尚存在许多问题：

一是勘验不足的情况普遍存在。勘验不足，一方面是对电子数据勘验的重视程度不够；另一方面也反映了电子数据勘验的技术手段不足，勘验程序要求较高。有些案件为节省时间或者是侦查人员出现应付的情绪，最终就导致勘验不足或未尽全力勘验的情况。

二是电子数据勘验的流程更加复杂，勘验、检查笔录更需要详尽记录。但在司法实践中，真正能做到详尽记录的案件少之又少。如我们很少看到案件中涉及的电子数据勘验进行全过程跟踪拍摄的情况，这些"偷工减料"的做法都有可能影响到电子数据最终的法律效力。

三是电子数据的特殊属性，导致很多侦查人员对其并不能够完全掌握。在没有专业人士参与的情况下，可能会丧失电子数据的证明力，如电子数据存储介质是非常复杂的，极易被侵入、篡改或者删除等。这种复杂的情况如果没有计算机专业人士的参与，极有可能导致电子证据的完整性、真实性受到法庭的质疑，进而影响到它的法律效力。

二、提高证据法律效力的建议

（一）完善勘验、检查的流程

规范的、符合要求的勘验、检查流程，才是司法会计检查获取有效证据的基础。但是会计资料本身内容非常繁杂，目前整个社会也没有一套完整的、有效的勘验、检查流程，因此这是急需解决的重要问题。

笔者认为，勘验流程的设计可以围绕以下三点展开：一是对书证的勘验、检查，要注意其收集、提取、固定的流程，以保证其客观性、真实性。二是对勘验、检查笔录的记录，要根据会计资料内容的不同、会计资料勘验方法的不同，分不同形式进行记录，需要详尽地记录勘验的过程。这个记录的过程，是确保会计资料能否成为定案依据以及能否反映其应有的公信力的关键环节。三是对电子数据的收集、整理，需要依托现有的取证流程，再根据电子数据的不同类型进行流程上的完善，避免出现取证的漏洞，制订切实有用的一套收集、固定、整理的流程。

（二）明确勘验范围及内容

现阶段，我国的勘验、检查范围及内容还处于起步阶段，尚未形成统一的范围及内容，这也给司法实践带来了不少的困扰。

笔者认为，根据不同案情需要明确不同的勘验范围及内容，但至少都需要涉及以下三项：一是会计凭证、会计账簿、财务会计报告中涉及案件的相关资料。如果对哪些资料涉及案件中并不十分明确，需要先进行收集，以后再慢慢分析。二是案件涉及的其他会计资料，如购销合同等。只要与案件涉及的内容有关，都需要进行收集。三是对采用会计电算化核算的单位，要对其电算化的电子数据进行全面收集，收集的过程中注意全面性、客观性。

（三）提高勘验、检查的技术水平

一是提高书证的勘验水平。书证的勘验水平，除了与勘验流程有关，更多的就是与侦查人员的专业能力有关。侦查人员应不断提高自己的专业能力，一方面通过自学的方式多留心经济领域案件的犯罪特点和会计、审计专业知识，另一方面通过参加培训、讲座、案例讲评分析会等形式进行学习。同时，公安部门可以在招考时更多倾向于经侦专业的学生加入其中，这样专业性更强的侦查人员会提高整体的勘验水平。

二是提高电子数据的勘验水平。加快研发、不断完善具有较高水平的电子数据取证工具，有了适合的工具会更有效地计算出电子数据之间的校验值等。同时，注意电子数据收集方法，如采用固定流程对电子数据进行扣押、封存，注意全程录像等。

三是针对较高水平的电子数据勘验案件，建议寻求计算机专家的帮助，或者找网安、技侦部门的侦查人员加入，组成较为全面的勘验小组，以保证电子数据的完整性、客观性。

第九节　电子数据的司法会计检查技术

本节所说的电子数据包含两部分内容：一是指实行会计电算化核算的单位所使用的电子数据，二是指利用计算机作为存储媒介存储下来的其他财务电子数据。

一、查找和准确获取电子数据

（一）利用被检查单位原有的计算机获取电子数据

被检查单位原有的计算机中存储的电子数据，如果尚未被删除，可以采取两种方法获取：一是针对会计电算化电子数据，在原电脑上导出相关账套及全部账套数据，然后使用相同的财务软件在另一台电脑上导入即可恢复全部信息。二是针对其他财务电子数据，在原电脑上可以一个硬盘、一个目录地进行查找，也可以采用关键词搜索的方式进行搜索，如搜索合同、银行、税务等关键词即可获取相应信息。

被检查单位原有的计算机进行过删除、重装后，可以采取两种方法获取：一是恢复被检查单位计算机所有数据，这个方法需寻求计算机专家或者是网安、技侦部门的侦查人员进行协助。二是如果专家也无法对原有计算机进行恢复，可以考虑采用其他迂回的方法进行补救。例如询问知情人、实地勘验等方法，争取找到其他可替代解决办法；再如计算机被删除、重装前有可能曾导出过相关数据，那就查找计算机数据的下落，争取获取完整的电子数据。

（二）利用司法会计专业检查软件获取电子数据

会计师事务所使用的审计软件，或者是司法会计鉴定机构使用的司法会计检查软件，通常带有自动采集财务会计资料信息的功能。侦查人员或者是司法会计检查人员只需要将带有该软件的移动设备插入被检查单位的电脑中，就可以自动获取财务会计资料信息。但是如果遇到被检查单位的电脑被重装、做过粉碎性删除的话，也是同样不能够获取信息的。

二、组建专家小组获取电子数据

在获取电子数据的过程中，通常会涉及很多侦查人员解决不了的问题，如计算机专业问题、会计专业问题等。因此，在进行此项活动时，最好是组建一支专业的团队,由侦查专家、司法会计专家、计算机专家共同组成的专家小组,负责查找、获取电子数据信息。专家小组通过自身的专业能力可保障电子数据的完整性、客观性,可有效提高电子数据的法律效力。

三、固定电子数据的技术

(一)刻录光盘

1. 刻录光盘的顺序

如果有多台不同类型的电脑时,勘验人员需要决定先选择哪台电脑进行刻录。

案例 2-11:

勘验人员根据掌握的情况,携带笔记本电脑、刻录机、移动硬盘、U盘、便携打印机、相机及相关文书等必备工具出发。到达现场后,发现现场有嫌疑单位或者嫌疑人常用台式电脑一台、笔记本电脑一台,两台电脑都通过拨号上网方式与互联网联通,同时笔记本电脑正处于开机状态。针对这种情况,执法人员应首先对哪台电脑进行取证?

上述案例属于常见现象,侦查人员应有效选择适合的顺序。选择时,主要看哪台电脑损失电子数据的风险最大。一般来说,正在联网中并且处于开机状态的电脑风险最大,可能会受到来自外界的入侵(侵入电脑的手段)而导致数据丢失。所以,在这样的情况下,应首先选择笔记本电脑进行刻录。当然,如果勘验人员人数众多,最好是同时开始刻录,这样最为稳妥。

2. 刻录的具体流程

刻录的具体流程,与电脑的配置有一定的关系。如果电脑本身有刻录功能，先进行刻录保存；如果电脑没有刻录功能，可以外接刻录机，或者是先用移动设备存储下来，再选择其他电脑进行刻录。

整个刻录光盘的过程，在流程上需要有现场人员的监督，需要全程录像。并且注意，同一份资料，要刻录两份相同的光盘，以防万一。两份光盘的作用不同：当场密封一份，用于庭审过程出现质疑（庭审时，可能存在对基于该光盘的信息做出的司法会计检查报告、司法会计鉴定意见等证据的质疑情况）情况时使用；另一份在侦查过程中使用。

（二）网络电子数据打印、封存

如果勘验过程中，涉及的是系统电子数据、网页电子数据等服务器后台能够直接控制的数据，最紧急的事情是将网页一页一页截屏保存、打印。因为，这类数据的特点是，后台服务器可以完全控制它们，如果行动不够迅速，或者被嫌疑人发现了端倪，他们可能会马上删除服务器后台所有数据，那最后可能导致勘验人员什么都没有保存下来、数据完全丢失的情况。

如果勘验人员需要获取的电子证据是属于网络数据，也可以采取找寻电脑服务器终端的方式获取。即查找电脑服务器是架设在哪个服务器供应商那里，通过从供应商那里获取服务器后台数据，这样也可以解决因为嫌疑人的故意隐藏而丧失电子数据的问题。但是，获取后台服务器数据也存在一个难以解决的问题，那就是我们通常只能获取到架设在国内的服务器后台数据，如果服务器是架设在国外的话，基本就没有办法获取了。

（三）记录《勘验、检查笔录》

勘验、检查笔录要详细记录，内容至少涵盖以下七点：一是案件事由，即因为什么问题进行会计资料的勘验、检查。二是参与勘验、检查的人员情况，即具体哪些人参与其中，每个参与人所承担的任务等。三是勘验的整个流程，每一步的时间、内容、结果、见证人。这一部分内容是整个勘验、检查笔录的重点内容，需要详尽记录。四是获取的电子数据按顺序记录好。五是刻录过程、刻录光盘序号、光盘内容等一一列明。六是电脑等硬件设备的扣押、封存情况。七是勘验、检查结束时，所有参与人员的签名。以上内容是勘验、检查记录必不可少的一些内容，实践中还需要根据案情的不同进行调整、添加，但关键是要清晰、完整地做出记录，以保证电子数据的客观性、完整性，提高电子数据的法律效力。

（四）扣押、封存现场电脑

如果勘验人员在现场发现的电脑无法打开，不能现场刻录、存储电子数据，那就需要将电脑扣押、封存，提交到公安部门电子证据取证实验室。实验室人员检查封存情况后，通知当事人到场，解封后开始对电脑进行取证。为防止电脑硬盘被人为破坏，实验室人员会做备份。首先取出电脑硬盘，运用专业设备对硬盘进行复制，然后使用取证软件对复制后的硬盘进行分析。如果发现部分删除、隐藏文档，即对这些文档进行恢复提取。提取后的电子数据，再请勘验人员或者专家组人员共同进行勘验、检查、鉴定。

第三章　司法会计鉴定

司法鉴定，按照鉴定对象的不同可分为司法物证鉴定、法医学鉴定、司法会计鉴定等。因此，本章所要探讨的司法会计鉴定，就属于司法鉴定的一种。

司法会计，按照"二元论"的理论，应包括司法会计检查和司法会计鉴定两部分。司法会计鉴定具体是指什么呢？你会不会将司法会计鉴定看成是司法会计活动的全部内容呢？本章将为你详细分析与司法会计鉴定有关的所有问题。

第一节　司法会计鉴定的产生

纵观中外司法会计产生的过程，我们可以发现，国内外司法会计鉴定的产生都与舞弊审计有关。也就是说，国内外的司法会计都是从舞弊审计中的财务会计问题展开的。

一、我国司法会计鉴定的产生

20世纪90年代后,随着我国改革开放的发展和深入,经济犯罪案件日益增加,司法机关受自身专业知识的限制,迫切需要具有专门知识的人参与其中。因此,司法会计鉴定就是随着经济犯罪案件的增多而逐渐发展起来的,而经济案件的侦查过程又都是与财务舞弊分不开的。因此,我国的司法会计鉴定最初就是从舞弊案件开始的,是为了鉴定涉及舞弊案件中的财务会计问题。

二、其他国家司法会计鉴定的产生

英美法系国家司法会计鉴定的产生,是从财务会计舞弊审查开始的。首先审计师在审计的过程中发现了企业的财务舞弊行为可能涉及刑事或者民事诉讼,于是审计师就作为专家证人参与了法庭的审理过程。法庭上,审计师就自己审查过程中所发现的财务舞弊行为进行解释说明,法官和双方当事人也针对该舞弊行为向审计师提出疑问。此后,慢慢地演变,审计师就变成了专业从事司法会计鉴定的人,即司法会计鉴定人。因此,英美法系国家的司法会计鉴定,从一开始就要求鉴定人以专家证人的身份参与法庭质证环节,这一点与我国司法会计鉴定的发展十分不同。

第二节 司法会计鉴定的目的与对象

一、司法会计鉴定的目的

司法会计鉴定,首先要明确鉴定目的,即司法会计人员根据案情、根据检材内容，首先确定本次司法会计鉴定活动的鉴定目的。只有确定了鉴定目的，未来鉴定过程中才不至于迷失了方向。司法会计鉴定中，会遇到对财务问题的鉴定，也会遇到对会计问题的鉴定，鉴定目的肯定会有所区别。

案例 3-1：
钱某涉嫌职务侵占案。
A 公司内部审计人员在进行库存商品实地盘点的过程中，发现存在短缺的现象，审计人员怀疑是仓库保管员钱某职务侵占，于是报警。公安机关委托司法会计鉴定人对该案进行司法会计鉴定，确定的鉴定目的就是"鉴定 A 公司仓库内的库存商品与实际账面结存的库存商品是否相符"。

很明显，本案涉及的就是财务问题，司法会计鉴定人的任务就是通过对这一财务问题进行鉴定，出具鉴定意见。

案例 3-2：
司法会计鉴定人在检查 A 公司财务会计资料时发现，2022 年 1 月 31 日的付款凭证 41 号可能存在问题。该记账凭证的摘要为"业务员张某某预支招待费"，记账凭证上的会计分录如下：
借：其他应收款 —— 张某某   15 万
　　贷：银行存款   15 万
这笔记账凭证所附的原始凭证为某酒店餐饮发票 3 张，金额总计为 15 万元。

很显然记账凭证与原始凭证内容并不相符，记账凭证表示的是业务员张某某从 A 公司预支招待费，但招待业务尚未发生；原始凭证表示的是业务员张某某招待业务发生后，根据酒店餐饮发票向公司报销业务招待费。由于记账凭证与原始凭证不符，因此司法会计鉴定人将本次鉴定事项确认为"鉴定 A 公司 41 号凭证的真实业务"，即鉴定 41 号凭证会计处理的真实性，所以这是一次针对会计业务的司法会计鉴定。

二、司法会计鉴定的对象

司法会计鉴定的对象，很显然是与经济案件有关的，在诉讼活动中需要依靠司法会计鉴定才能够解决的财务会计问题。读者们要注意，在财务会计理论中，如果我们提到"财务会计"，一定是与会计学中的财务会计有显著区别的。这一点在前面章节中我们已经做详细阐述了，这里就不再赘述。笔者只就其中的一点进行强调，那就是"财务会计"一词在司法会计理论中代表了"财务"和"会计"这两个名词。

（一）涉案财务问题

经济活动中产生的与企业经营有关的事项，都属于涉案财务问题的范畴。企业的生产经营是从筹集资金开始的，有了资金之后就是投资，投资之后就是生产经营，最后就是利润分配，接着就到下一个循环了。因此，只要明白企业整个生产经营过程，就知道哪些属于涉案财务问题了。例如，采购原材料、销售商品、应收应付款项的结算、投资业务、缴税业务、利润分配等都是生产经营中必不可少的部分，当然也就都属于涉案财务问题。

（二）涉案会计问题

对经济活动所进行的会计核算和监督，都属于涉案会计问题的范畴。例如，对采购原材料的核算，会计人员需要将采购所获取的原始凭证整理好，然后在会计凭证上进行会计分录的记录，再将原始凭证附在会计凭证的后面；接下来就需要将此会计凭证上所涉及的会计账户金额登记到相应的账簿上；期末需要将会计账簿的余额登记、汇总到财务会计报告中。所有这些核算的过程都属于涉案会计问题的范畴。同时，如果采购人员需要采购原材料时，必须提前向会计人员询问可采购的数量，这就是会计人员对采购业务的监督，即会计对财务活动的监督责任，这同样也属于涉案会计问题的范畴。

第三节　司法会计鉴定的特点及其局限性

一、司法会计鉴定的特点

（一）以法律性为首要特点

司法会计鉴定，是发生在诉讼活动中的鉴定，这一特点是由"司法"二字决定的。因此，司法会计鉴定的过程，必然要遵循法律的要求，从程序到内容，都需要具有相应的法律性。

（二）以财务会计痕迹为对象

司法会计鉴定过程中所使用的的检材，就是涉案单位所留下的财务会计痕迹。司法会计人员对涉案单位的财务会计痕迹进行鉴别判定的过程，就是司法会计鉴定的整个过程。但要注意一点，这个财务会计痕迹的获取必须是通过法定程序展开的，通常是在司法会计检查的过程中获取的以财务会计资料承载的检材。

（三）以司法会计检查为基础

司法会计检查的过程中，司法会计人员会根据检查过程中所发现的蛛丝马迹，来确定司法会计鉴定所需要鉴定的财务问题、会计问题。例如，侦查人员在司法会计检查的过程中发现某公司出现了现金短款的现象，有理由怀疑被检查单位的出纳或者是其他有关人员涉嫌职务侵占犯罪。因此，侦查人员可将该项司法会计鉴定事项确认为对财务会计资料中的与现金有关的账户的鉴定，以此来证明某公司是否真的存在职务侵占的问题。

二、司法会计鉴定的局限性

学过会计的人，通常都听说过这样的笑话：应对不同的检查人员，企业会计人员会提供不同的财务会计资料。如果来的是税务部门，可能提供的是 1 号财务会计资料；如果来的是公检法部门，可能提供的是 2 号财务会计资料；如果来的是银行等放贷部门，可能提供的是 3 号财务会计资料。那如果是给司法会计鉴定人提供资料，会计人员会如何做呢？会计人员具体会如何做，我们就不得而知了，但是司法会计鉴定人的能力却是我们需要讨论的话题。

司法会计鉴定人的能力决定了司法会计鉴定的效力，但司法会计鉴定人不是无所不能的。事实上，司法会计鉴定能够成功，还取决于涉案财务会计资料的真实性、完整性。一套东拼西凑且不够完整的财务会计资料，或者是一套无法证明其真实性且有可能存在篡改现象的财务会计资料，肯定会影响到鉴定结果的准确性。因此，司法会计鉴定本身也是存在局限性的，我们得首先保证财务会计资料的真实性、完整性之后，才能要求司法会计鉴定的意见是没有问题的。

第四节　司法会计鉴定标准

一、司法会计鉴定标准

会计做账有会计准则、会计制度的规范，审计查账有审计准则的规范，公安机关办案有相关的法律法规的规范，那司法会计鉴定人进行鉴定时有什么标准进行规范呢？目前，我国正缺少一个统一的司法会计鉴定标准。

没有统一的司法会计鉴定标准，鉴定人在鉴定时就会主观性较强，仅靠自己的认知水平或者是会计、审计的标准去衡量鉴定事项，最终会导致不同的鉴定人出具的鉴定意见存在较大的差异。

鉴定人出具鉴定意见后，会交由审核人进行审核。没有统一的司法会计鉴定标准，审核人也不知道应该根据什么标准来进行审核，因此也是根据自己的认知水平、经验、能力等来进行审核。所以，审核鉴定意见的流程，几乎起不到什么应有的作用，经常都是流于形式。

法庭上，双方当事人都可能对鉴定意见存在质疑，但是由于缺乏统一的鉴定标准，他们的质疑基本起不到什么作用。

以上这些问题，都是因为缺乏统一的司法会计鉴定标准。因此，我国目前急需构建一个统一的司法会计鉴定标准，确立统一的鉴定理念、原则、方法、流程等。

二、司法会计鉴定标准的含义

案例 3-3：

司法会计鉴定人徐某，接收了公安机关提供的"钱某涉嫌职务侵占案"的财务会计检查资料。资料显示，钱某是甲公司的出纳，于 2022 年 1 月 31 日从甲公司某银行的对公账户提取现金 5 万元。这笔业务的记账凭证上显示的会计分录为如下所示：

借：银行存款　5 万
　　贷：库存现金　5 万

凭证上所记录的摘要是提取现金，该记账凭证未付原始凭证。

司法会计鉴定人徐某按照司法会计鉴定流程受理了该鉴定业务，接收了由公安机关提供的检材，接下来要做的就是对检材进行鉴定。

司法会计鉴定人徐某发现，该记账凭证肯定是存在问题的。一方面，摘要与会计分录的记录不符。这一点是以企业会计准则、企业会计制度的标准采用比对鉴别法，进行比较得出的结论。另一方面，记账凭证没有按照要求附原始凭证，可能存在舞弊行为。从上述分析出发，接下来重点检查账簿信息与记账凭证所记载的信息是否相符。经检查发现，甲公司的银行存款日记账、现金日记账都未体现上述会计分录所记载的内容。

司法会计鉴定人徐某在经过了详细检查之后，获取了相应的证据资料，确定了最终的鉴定意见：钱某所记载的会计分录导致甲公司现金长款 10 万元。

根据上述案例，我们了解到司法会计鉴定的整个流程都是有着一套完整的、需要遵循的规则、标准的，如果没有统一的标准，鉴定结果有可能存在着较大差别。现阶段，司法会计鉴定过程中大部分时候遵循的都是其他司法鉴定行业的标准，再加上会计标准和审计标准，而真正属于司法会计行业的鉴定标准尚未出台。因此，现阶段很多时候同一司法会计鉴定事项确实存在着可能出现不同鉴定结果的情况，这对司法会计行业的发展是十分不利的，这也是接下来我们需要重点解决的难题。

三、司法会计鉴定的证据

司法会计鉴定人在出具鉴定意见时所依据的证据，就叫作司法会计鉴定证据。司法会计鉴定证据包括书面形式、电子形式两种，其中能够对鉴定意见产生直接影响的证据属于基本证据，包括直接证据、间接证据；能够对鉴定意见的出具产生参考作用的证据属于参考证据，包括原始证据、传来证据。按照这样的分类，笔者画了一个司法会计鉴定证据图，如图 3-1 所示。

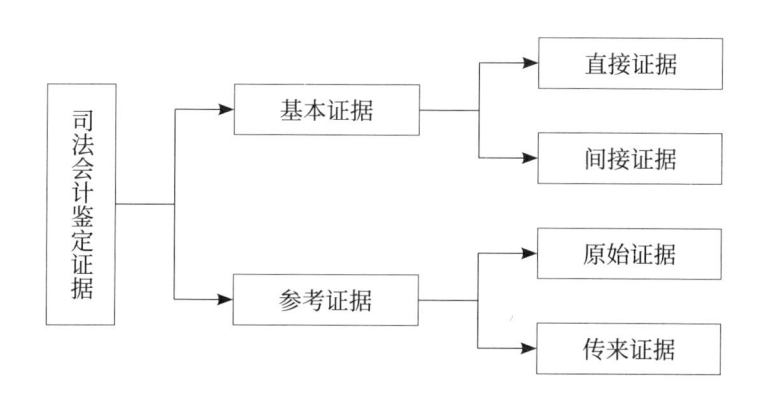

图 3-1 司法会计鉴定证据

第五节 司法会计鉴定方法

司法会计鉴定方法，是一套逻辑思路，有了这套思路就可以对诉讼过程中出现的财务会计问题进行鉴别判断。那么，这个逻辑思路具体是如何形成的呢？我们通过一个简单的案例就可以明白整个过程。

案例3-4：

司法会计鉴定人针对A销售公司全部检材进行检查，发现2022年1月31日的一张记账凭证可能存在问题。该记账凭证上所列的摘要为"提现"，会计分录如下：

借：银行存款　1000

　　贷：库存现金　1000

摘要与会计分录明显不符（账户方向错误），于是司法会计鉴定人首先想到的是去查原始凭证。结果发现，本张记账凭证后竟然未附任何原始凭证。这一点引起司法会计鉴定人的注意，将其列为"嫌疑账项"，应为下一步的检查重点。

该案例说明，司法会计鉴定人鉴定时使用的方法就是"比对鉴别法"，即鉴定人根据正确的会计准则进行处理的结果，与检材中的处理结果进行比对，如果不一致，就说明这一记账结果存在问题，这也是一套完整的逻辑思路。

司法会计鉴定方法有很多种，我们需要根据不同的情况选用不同的方法进行鉴定。本节我们将围绕平衡分析法、比对鉴别法这两个使用率较高的方法为读者进行解释说明。

一、平衡分析法

所谓平衡，是指会计主体日常生产经营过程中，会在静态和动态下保持平衡。而我们司法会计鉴定时，正是利用了这一平衡关系形成了对应的平衡分析法。会计恒等式本身，是与企业设立、运营的过程中表现出来的价值规律性有关的，反映的是价值量的一种平衡关系。

（一）平衡分析法的基本步骤

采用平衡分析法时，通常可以按下列步骤进行：

1. 确定鉴定事项所涉及的平衡关系

2. 确定参照量的范围

3. 确定参照量的实际量值

4. 确认分析量的状况

5. 得出鉴定意见

由以上基本步骤可以看出，平衡分析法主要适用于对财务会计记录的真实性、准确性以及财务指标等问题的司法会计鉴定。

（二）静态平衡分析法

所谓静态，是指固定到某一个特定时点的状态，例如会计每年封账的时间节点是 12 月 31 日，这就是一个静态的特定时点。虽然企业的经营活动到 12 月 31 日并没有真正的停止，但会计做账为了能够既有一个连续性，又能够实现期间的比较分析，就人为地划分出了一个一个的期间，这也叫作会计分期。

静态平衡分析法，就是在一定的会计分期内（可能是月末、季度末、年末的那一天），根据该时点从会计角度出现的这种平衡关系来设计的一种鉴定方法。

操作步骤如下：

1. 判断静态平衡关系

企业的设立和经营，首先是从获取资金出发的。资金获取的渠道来自两个方面，一种是自由资金，在会计中叫作"实收资本"或"股本"，属于所有者权益的范畴；一种是负债。而这些资金最终都会变成企业的资产。因此，我们可以从会计的角度，写出一个静态平衡的公式：

资产总额＝负债总额＋所有者权益总额①

这一平衡公式还有其从属公式，即：

资产总额＝各项资产额合计

负债总额＝各项负债额合计

鉴定事项是否涉及以上静态平衡中的相关会计项目，是静态平衡分析法需要判断的第一步。

2. 设定参照量的范围

设定参照量的范围时，我们应重点考虑两点：一是参照量一定要选择确定的量值；二是参照量与分析量在数值上需要能够形成一个静态平衡的关系，便于未来做出分析判断。

鉴定时，鉴定结果有时会受到参照量的影响，因此我们在设置参照量时一定要慎重。如果我们将参照量设定得较大，那可能会花更多的时间在论证上，可能导致很难形成最终的结论；如果我们将参照量设定得较小，那可能会使得参照量与平衡量之间没办法形成独立的平衡关系，最终也可能导致没办法形成鉴定结果。因此，我们在选择参照量的时候，一定要考虑好参照量是否存在确定的量值，二者之间是否存在平衡的关系。

3. 确定参照量的量值

参照量的量值有两种方法确定：一是通过检验结果来进行确定，二是通过合理的计算方式来进行确定。如果不存在能够确定参照量的量值的数据，或者是不存在能够反映参照量的量值的检验结果的话，我们的司法会计鉴定过程就需要暂停，或者是转变思路，寻找其他的鉴定方法。

---

① 会计学上将"资产总额＝负债总额＋所有者权益总额"这一公式称为会计恒等式，是确认会计账户余额平衡关系的基本依据。

4. 根据公式计算是否平衡

财务会计中的平衡公式有很多，这都是由会计恒等式的平衡关系演变出来的。无论平衡公式如何演变，其平衡关系都是不变的。

在实际鉴定的过程中，平衡公式还可以根据具体鉴定的需要进行调整。例如，如果我们要鉴定"其他应收款"账户的二级账户，即"其他应收款——钱某某"账户的明细账户余额的话，我们就可以临时调整平衡公式，即调整为如下所示：

"其他应收款——钱某某"账户余额＝"其他应收款"账户总账余额—其他"其他应收款"明细账户余额之和。

总之，虽然平衡公式可以进行各种调整，但总的平衡关系是不变的，都是围绕着会计恒等式展开的。既然平衡关系不变，这就为我们的司法会计鉴定带来了很多的方便。

5. 判断鉴定事项

案例 3-5：
A 公司销售经理钱某职务侵占案。

经查明，A 公司销售经理钱某允诺给会计人员小孙以好处费，于是小孙在会计账务处理时帮助钱某进行了虚假处理。主要涉及了一笔坏账业务。司法会计鉴定人接收了公安机关送交的检查资料，发现 2022 年 1 月 31 日，A 公司有一笔坏账处理很可疑。按照会计准则的要求，坏账要在怀疑期先做坏账准备，等到真正确定为坏账时再计入当期损益。但是 A 公司的一笔 300 万元其他应收款，在 1 月 31 日这一天，一次性全部计入了当期损益。这笔会计分录为：

借：管理费用　300 万
　　贷：其他应收款　300 万

于是，司法会计鉴定人就顺线追踪，继续寻找其他应收款 300 万元的来源。往前翻看其他应收款的总账账簿发现，这笔其他应收款涉及 15 个明细账户的金额，即一共有15笔A公司应收的款项，加起来总计为300万元，分别属于15家批发商。如果有一家批发商的款项收不回来还有一定的合理性，但是现在15家批发商的款项同时无法收回，这说明存在财务舞弊行为的可能性非常大。

于是，司法会计鉴定人就确定了需要解决的鉴定事项，即确认A公司将其他应收款直接计入当期损益的这笔业务的真实性及其账务后果。

该鉴定事项涉及的会计问题：300万元其他应收款直接计入当期损益的账务处理问题，这一问题涉及该张会计凭证、其他应收款总账账簿和明细账账簿（15个明细账）。

这些会计问题涉及许多静态平衡的关系，包括总账与明细账之间的平衡关系，还有其他应收款总账账簿与财务会计报告中其他应收款所列的余额之间的平衡关系等。

（三）动态平衡分析法

当企业开始生产经营后，静态平衡就会发生变化，因为这时候就涉及资金的运动。例如我们开始用资金去购买固定资产，这时资金就转化为固定资产了，表示资金的形态发生了变化，但这种变化并未影响整个的平衡关系，又由于这种新的平衡关系是动态的，所以我们就叫它动态平衡。由此产生的分析资金转换过程的方法就叫作动态平衡分析法，这也是司法会计鉴定常用的方法之一。

资金运动的过程中，可能资金支出与购买的固定资产（或库存商品等其他的东西）价值量是相等的，这种就叫作等额平衡；经过了若干次资金运动之后，企业的生产经营就会迎来利润或者亏损，这就表示此时的平衡关系存在了差额，这种就叫作差额平衡。

动态平衡分析法，就是利用会计上客观存在的动态平衡公式来鉴别判定财务问题、会计问题的一种分析法。

动态平衡分析法的操作要点：

1. 分析资金转换的前提条件

会计上的资金转换都具备一个前提条件，那就是转换前、转换后的资金量是相同的。在资金量一定的前提下，资金只是在表现形式上发生了一些变化。

司法会计鉴定的过程中，如果发现资金转换存在前提条件的话，那就无法证明转换结果的真实性。所以，这个时候需要再结合财务会计资料来进行总体判断。

2. 分析资金转换结果

分析资金转换结果，主要依靠财务会计资料的变化来进行判断，也就是通过检验、分析转换前后与新增资金有关的财务会计资料。例如，如果企业用"应付账款"购买了一项"固定资产"，但司法会计鉴定人却通过原始凭证发现该项"固定资产"是通过另一笔"银行存款"购买的。因此，我们就可以得出一个结论，那就是该项"应付账款"很可能是虚构的，这将作为"嫌疑账项"，是下一步鉴定的重点。

3. 分析平衡关系

在等量平衡的情况下，鉴定人需要分别检验资金转换前后的财务资料，确认转换前后资金量是否相当；在差额平衡的情况下，需要通过计算确认差额是否存在以及是否符合量的平衡关系。

分析平衡关系，目的是为查明资金转换的过程是否真实发生过，如果发生过的话那就查明其是否符合平衡关系。知道是否符合平衡关系，就可以查明是否存在虚假确认的会计账项，或者是未如实反映的平衡关系等问题。

二、比对鉴别法

我们先按照正确的财务处理方式作出相应的财务会计资料，然后再与检材中的财务会计资料进行比对，这个比对结果就是我们需要进行鉴别判定的结果，这个比对的方法就是比对鉴别法。很显然，比对结果一致的话，说明需要鉴定的财务会计处理方式是没有问题的；相反，就是存在问题的。

比对鉴别法，与司法会计检查中的核对法、比较法还存在显著区别。比对鉴别法要求是设定一个参照客体，即会计准则就是我们的参照客体，然后再将检材中的财务会计资料与参照客体就行比对。而核对法、比较法，是直接进行核对，不需要参照什么客体才能够核对。因此，二者在实际操作上容易混淆。

（一）基本操作步骤

采用比对鉴别法进行鉴定时，大致可分为以下三个步骤：

第一步，确定引用技术标准。

第二步，制作参照客体。

第三步，进行比较、对照。

比对鉴别法的适用范围比较特殊，主要适用于那些对会计分录、账户余额等与数字、计算结果的正确性、真实性进行鉴别分析的鉴定项目中。接下来，本书会以"会计分录"的比对鉴别为例为大家介绍具体操作过程。

（二）会计分录的比对鉴别法

比对鉴别法可以比对的内容有很多，我们仅以会计分录的比对鉴别法为例为读者进行过程的说明。

1. 比对内容

针对会计分录中的科目、方向、金额等进行全面的比对。

2. 设定参照客体

会计分录应该怎么记录，在会计准则中都有详细的规定，因此会计准则中关于会计分录的记录要求就是我们设定的参照客体。这个记录要求是很复杂的，包括会计分录中需要选择哪些科目、每种科目的计量方法等，这些参照客体都是未来进行比对时所用到的。

3. 进行比对鉴别

当选定了参照客体，也明白需要比对的内容了，接下来就是实际需要比对的过程。我们可以分步骤进行，按照会计分录的记录顺序来考虑，先比对会计科目、借贷方向，再比对具体金额。

4. 合并会计分录的比对鉴别

会计分录有时也会出现一些特殊情况，即出现合并会计分录。我们为什么要将合并会计分录单独列出来进行说明？那是因为合并会计分录中通常隐藏着一些我们在表面上发现不了的业务，这些被隐藏起来的业务有可能是正常的业务，也有可能是非正常的业务。因此，我们对合并会计分录应重点关注。

对合并会计分录的比对，首先根据原始凭证的内容进行重新编制，这时编制的就是简单会计分录，一步一步进行的会计分录，这样会使得经济业务能够得到更加清晰地展现。接下来，再根据这几个简单会计分录的内容进行合并，这就构成了我们的参照客体。随后，将检材中的合并会计分录与我们的参照客体（新制成的合并会计分录）进行比对鉴别。

案例3-6：

A公司销售经理钱某涉嫌挪用资金案。

A公司销售经理钱某，与公司会计小孙合谋挪用公司资金，钱某许诺事成之后给小孙以好处费。

钱某在外私自注册成立了一家A公司的下游公司（批发商），准备承接A公司的销售业务。承接A公司的销售业务需要启动资金20万元，但钱某一时筹集不出这些启动资金，于是就与会计小孙合谋挪用A公司资金。二人在挪用资金20万元之后很快就将资金又转回到公司账户。二人本来以为神不知鬼不觉,没想到被司法会计鉴定人员发现了问题。

  问题就是出在合并会计分录上。小孙按照钱某的指示,在将公司20万元资金从对公账户转入钱某公司账户之时,未做账务处理。等到钱某归还20万元时,将会计分录进行了简化[①]。该会计分录如下:

  借:银行存款 20万
    贷:银行存款 20万

  这一步会计分录中,借方表示的是20万元资金进入了A公司账户,贷方表示的是20万元资金从A公司的账户转出。

  这是什么意思?其实这笔会计分录真实的记录应该是:

  借:其他应收款——钱某 20万
    贷:银行存款 20万
  借:银行存款 20万
    贷:其他应收款——钱某 20万

  如果钱某是按照正常的借款程序向A公司进行借款的话,正常的会计分录就会如上所示。但是钱某没有这么做,而是私自挪用了公司资金,因此会计分录就被小孙做了简化。A公司发现问题后,随即报警。

  司法会计鉴定人接收了公安机关送交的检查资料,经检查发现该会计凭证的问题,因此将此鉴定事项确定为:鉴定A公司会计人员小孙所制作的该张记账凭证的正确性及其账务后果。鉴定意见确认:A公司该会计凭证存在记账错误,该错误会导致A公司的资金被挪用。

[①] 在会计核算时,简化的会计分录如果不能如实反映经营活动的话,是不被允许的。

第六节 司法会计鉴定人

一、司法会计鉴定人的概念

司法会计鉴定人[①],是指在诉讼活动中,根据送检方提供的检材发表鉴定意见的人。司法会计鉴定人的范围较为广泛,不一定单指司法会计师,像法务会计、注册会计师等具有专门知识的人也可以成为司法会计鉴定人。

二、司法会计鉴定人的资格条件

很显然,不是所有的司法会计师、注册会计师都可以成为司法会计鉴定人。想要成为司法会计鉴定人需满足以下条件:

(一)依法取得诉讼参与人的身份

经济案件中,侦查人员在遇到难以解决的专门性问题时,会指派或聘请司法会计鉴定人参与到诉讼活动中。司法会计鉴定人办理相应的手续,就取得了诉讼参与人的身份。案件结束后,这个诉讼参与人身份就自动取消了,司法会计鉴定人再等待下一个案件被指派或聘请时又具有了诉讼参与人的身份。因此,诉讼参与人身份,并不是一直存在的。

---

① 在大陆法系国家,司法会计鉴定主体称为司法会计鉴定人,而在英美法系国家,则是称为专家证人。我国立法中,将鉴定人称为"具有专门知识的人",认为鉴定是解决"专门性问题"的诉讼参与人。

（二）具备相应的专业胜任能力

司法会计鉴定人需熟悉经济案件中涉及的财务问题、会计问题的鉴定方法，需对经济管理、金融保险、财务管理、会计、审计等相关方面都有一定了解。未来，如果对司法会计鉴定行业的管理参照注册会计师行业的话，就会对司法会计鉴定人的专业胜任能力进行考试，考试合格的发放执业资格证书，或者是参照普通会计人员的职称那样管理，不同的职称代表着不同的专业胜任能力。

（三）具备良好的职业道德

司法会计鉴定人工作中，需保持自己的独立性，公平公正地发表鉴定意见。同时，还要注意保密，对被鉴定单位、被鉴定人的尚不能够公开的信息一定要进行保密，或者是对案情、案件的进展都需要进行保密。

三、司法会计鉴定人的特点

（一）复合型知识结构

司法会计鉴定人在鉴定的过程中不仅需要运用会计、审计、财务管理、金融等财会领域的理论和方法，并且还要理解、熟练掌握相关法律法规，包括涉及的诉讼程序、经济案件的法律知识等。因此，司法会计鉴定人是具有财会、法律交叉学科知识的综合性人才。

（二）接受统一管理

一方面，司法会计鉴定人是以鉴定机构的名义承接鉴定业务，因此要接受鉴定机构的统一管理；另一方面，司法会计鉴定人必须有统一的资格准入标准、执业规范和职业道德。

四、司法会计鉴定机构的确定

司法会计鉴定机构，不对司法会计鉴定意见承担最终的责任。这是因为我国实行的是司法会计鉴定人负责制度，即司法会计鉴定人对司法会计鉴定意见承担最终的责任。因此，司法会计鉴定机构是司法会计鉴定人的管理机构，负责日常管理、教育培训等业务，但是它不会出现在诉讼活动中。

一方面，我国各类法律中规定的具有专门知识的人，都是指司法会计鉴定人这一具体的人，而不是法人机构。由此可见，由司法会计鉴定机构来对鉴定意见承担法律责任显然是不合适的，没有法律依据。

另一方面，司法会计鉴定人自己对自己出具的鉴定意见负责，自己出庭参与法庭质证活动，就能够保证司法会计鉴定过程的完整性。试想一下，如果由司法会计鉴定机构来对鉴定意见负责的话，那在出具鉴定意见的过程中，鉴定机构也可以随时更换鉴定人，在法庭参与质证时鉴定机构也可以随时更换鉴定人。如果是出现这样的情况，还怎么保证鉴定意见的法律效力呢？

当然，除了上述两点理由外，我们在最终的承担法律责任时也会发现，鉴定人比鉴定机构更有承担法律责任的优势。因此，很多的法律责任都是对鉴定人进行规定的，也有不少的法律责任鉴定机构是没办法承担的。

五、司法会计鉴定人的确定

当发生需要进行司法会计鉴定的事项时，如何决定由谁来进行鉴定呢？司法会计鉴定人的确定，有两种普遍的方式：一是事先审查制，即预先对司法会计鉴定人的教育背景、经验能力等方面进行审查，审查通过后即可进行备案，当有司法会计鉴定事项时就可以被首先确认为鉴定人。二是事后审查制，即出现司法会计鉴定事项之后，由法官来决定哪些人可以成为司法会计鉴定人，由法官来对其进行考核，考核合适的就可以参与鉴定活动，并且出庭参与法庭质证活动。

我国采用的是事先审查制。我们建立了司法会计鉴定人事先审查制度，对符合条件的司法会计鉴定人进行考核、登记、备案。所有登记过的司法会计鉴定人，都可以成为鉴定事项的备选鉴定人。

六、司法会计鉴定人的选任

当有鉴定事项发生时，司法会计鉴定人是如何参与其中的？这就涉及司法会计鉴定人的选任问题。但是，刑事诉讼活动中的司法会计鉴定人选任方法与民事、行政诉讼活动中的选任方法还存在一些区别，因此，我们需要分两部分进行阐述。

（一）刑事诉讼活动中的选任

"指派"或"聘请"是刑事诉讼活动中对司法会计鉴定人选任规定的两种方式。

指派，是指司法会计鉴定人与司法机关之间是隶属关系，即司法会计鉴定人可以接受司法机关的指派参与到诉讼活动中。司法会计在我国发展的早期，基本上都是隶属于司法机关内部的机构，如检察院内部的司法会计鉴定中心，或者是其他司法机关内部的鉴定中心等，这些机构中的司法会计鉴定人都是接受指派参与到诉讼活动中的。但是，随着检察院等司法机关裁撤司法鉴定中心（为保持司法鉴定的独立性，防止自侦自鉴、自诉自鉴等现象的发生）之后，现在接受指派的现象变得越来越少了。

聘请，是一种商业活动，即由司法机关委托司法会计鉴定人参与到诉讼活动中。与指派相比，接受聘请的司法会计鉴定人独立性更强，其与司法机关之间不是隶属关系，不会存在在鉴定的过程中"偏向"司法机关的现象。但是，聘请的司法会计鉴定人是属于有偿服务，一方面会增加办案经费，另一方面可能存在"谁付钱谁有道理"的先入为主的印象，导致最终的鉴定结果仍然不够公平公正。

(二) 民事、行政诉讼活动中的选任

民事、行政诉讼活动中，司法会计鉴定人的选任采用的是"交由"或"指定"的方式，即司法机关将鉴定事项交由或指定司法会计鉴定机构进行鉴定。

第七节　司法会计鉴定程序

司法会计鉴定人接受指派或聘请参与到鉴定活动中，具体程序可按照以下四个阶段来进行总结：

一、鉴定准备阶段

鉴定准备阶段，实际上就是整个鉴定程序的一个准备的过程：第一，司法机关需要根据诉讼案件中司法会计鉴定的申请，作出是否鉴定的决定，这也是鉴定程序中的启动阶段；第二，司法会计鉴定人需要根据具体情况做出同意接受指派或聘请，承担司法会计鉴定事项，即受理的决定；第三，司法会计鉴定人接收检材的过程；第四，司法会计鉴定人备检的过程。接下来，我们详细分解下每一步的程序。

1. 启动

首先，诉讼当事人或者诉讼参与人[①]，通过向侦查机关或者审判机关提出对案件中涉及的财务问题、会计问题进行司法会计鉴定的申请。

---

① 民事、行政案件的诉讼当事人，刑事案件的犯罪嫌疑人、被告人、被害人、附带民事诉讼原告人以及其他诉讼参与人。

然后，司法机关根据法律规定做出是否鉴定的决定。

2. 受理

受理，是指司法会计鉴定人同意承担这项鉴定任务。司法会计鉴定人同意接受任务后，还需要对侦查人员提供的检材进行初步的判断，这个判断的结果可能是最终同意接受这项任务，也可能是最终决定不接受这项任务。

如果对侦查人员提供的检材进行初步的判断后，司法会计鉴定人决定最终接受这项任务，那么接下来需要做的就是填写受理文书。受理文书的样式如下：

受理鉴定说明书

×× 【20××】× 号[①]

×××[②]：

贵单位于 ×× 年 ×× 月 ×× 日由 ×××[③]（送检人证件号码、联系方式等信息）送来的，要求对 ××[④] 一案的司法会计鉴定，我方由 ×××[⑤] 收案。

特此说明。

鉴定机构公章：

鉴定人签章：
收案人签章：

×× 年 ×× 月 ×× 日

[①] 收案编号，以鉴定机构本年度的收案数据进行编号。

[②] 送检单位。

[③] 送检人姓名。

[④] 鉴定事项。

[⑤] 收案人。

3. 收检

收检的过程，包含两方面的内容，一是司法会计鉴定人检查检材是否完整，二是司法会计鉴定人办理收检的手续。

检查检材，这个过程比较复杂。司法会计鉴定人首先根据案情进行初步判断，判断下具体需要哪些检材，然后再与侦查人员送来的检材进行比对。如果司法会计鉴定人比对后发现检材存在短缺、不足的情况，需要及时联系侦查人员补充检材。如果侦查人员无法补充检材，那可能出现两种结果，一种结果是针对现有的检材修改鉴定事项，即出具的鉴定意见将会是现有检材能够反映的结果，与最初的鉴定事项可能会存在较大差别；另一种结果是司法会计鉴定人因无法出具鉴定意见、无法完成既定的鉴定事项，所以拒绝继续鉴定。

办理收检手续，这一步是在司法会计鉴定人检查完检材，同时又确定检材的完整性之后所需要办理的交接手续，即司法会计鉴定人与侦查人员共同填写检材交接单，表明检材已经顺利完成了交接，交接单将会留档备查。

4. 备检

备检，这一步是司法会计鉴定人根据案件情况去准备鉴定所需要的各项标准的过程。因为，司法会计鉴定的标准有很多，不同的案情标准也会存在较大的差异，而司法会计鉴定人也不可能将所有的标准都记住，所以需要有备检这样的步骤留给鉴定人去做准备。

二、初步检验阶段

初步检验阶段，是指司法会计鉴定人通过对检材的初步检验，得出初检意见的过程。

（一）阅读卷宗

司法会计鉴定人首先要做的就是了解案情，因此，阅读卷宗就是初检要做的第一步。通过阅读卷宗，司法会计鉴定人可以了解案件具体是涉及哪些司法会计鉴定事项，有了初步了解后再开始查看检材会更有针对性。

但是，针对这一步，也有的专家提出了不同的意见。他们认为，司法会计鉴定人先阅读卷宗，可能会对整个案情存在一个先入为主的判断，如果这种判断被带到了后续的对检材进行鉴定的过程中，那可能就会加入较多的主观性因素到鉴定意见之中。这种说法笔者并不认同，如果司法会计鉴定人为防止自己存在主观判断，就不去先阅读卷宗，那他怎么才能够了解到本案到底是涉及哪些鉴定事项呢？如果仅靠后续的查看检材就能够判断鉴定事项，会不会存在遗漏呢？所以，笔者认为，阅读卷宗是一个必不可少的环节，而且是司法会计鉴定人在初检阶段需要首先做的事情。

（二）查看检材

在了解了基本案情之后，司法会计鉴定人就已经对需要鉴定的事项有了一个大概的了解，接下来就需要查看检材的质量。检材的质量，一方面与基本案情、与需要鉴定的事项有很大的关系，另一方面也对下一步能否顺利完成详细检验的过程有着重要的影响。因此，对检材的查看，是初检中的一个重要步骤。

司法会计鉴定人如何对检材进行查看？因之前已经了解基本案情，所以司法会计鉴定人现在就需要根据案情确定鉴定事项，再根据鉴定事项来查看检材。因此，检材是否完整，主要看是否符合鉴定事项的需要。

司法会计鉴定人查看检材之后，可能存在是三种结果：一是检材质量符合要求，完整性也没有问题，此时司法会计鉴定人就可以做出可继续进行鉴定的决定；二是检材质量存在问题，或者是检材不够完整，无法完成鉴定事项，此时司法会计鉴定人可以先中断鉴定，然后让侦查人员继续补充检材；三是现有的检材无法满足鉴定的需求，而且侦查人员也无法再进行补充，此时司法会计鉴定人可以选择终结鉴定，出具《终结鉴定通知书》备案留存。

中断（终结）鉴定通知书

××【20××】× 号

××：

贵单位于 ×× 年 ×× 月 ×× 日要求对一案的司法会计鉴定，因 ××，已经影响继续鉴定（无法做出鉴定意见），故暂时中断鉴定（故终结鉴定）。

特此通知。

鉴定机构公章：

鉴定人签章：

×× 年 ×× 月 ×× 日

三、详细检验阶段

经过初检之后，司法会计鉴定人接下来就需要准备以下的两步：

一是检验检材，即对初检之后的检材进行具体检验。这一步是为最终形成鉴定意见服务的。这一步，受不同案件的难易程度的影响，其过程也存在较大的区别，要因案而易，不能一概而论。

二是形成鉴定意见，即根据上一步检验检材的结果形成对该项鉴定任务的鉴别分析意见。

四、终结阶段

终结阶段，需要完成三项工作，一是出具鉴定意见，二是完成相关的法律文书，三是完成收尾工作。

司法会计鉴定意见，是司法会计鉴定人根据自己在鉴定过程中发现的财务会计问题所出具的意见。鉴定意见初稿作出之后，还需要复核、审核，只有审核无误之后的鉴定意见才可以作为定稿使用。

司法会计鉴定相关的法律文书有很多,包括司法会计咨询意见书、复核意见书等各种文书,有的文书需要在法庭上使用,有的文书需要留档备查。完成这些文书的制定,才代表着整个鉴定流程的终结。

收尾工作,主要是在鉴定结束后需要做的签章、归档等工作。司法会计鉴定人写好鉴定意见、审核无误之后,需要由鉴定机构签章证明。最后,整个鉴定过程的所有文档都要归档保存好,备查备用。接收的检材,也应该完整地退还给侦查人员,并办理好相应的退还手续。

第八节 司法会计鉴定特别程序

一、补充鉴定

(一)补充鉴定的启动

补充鉴定的启动,是在第一次鉴定后发现鉴定意见出现重大缺陷时,由送检方或者是诉讼机关提出重新进行鉴定的决定。

什么是重大缺陷?例如侦查人员送来的检材存在瑕疵,司法会计鉴定人根据有瑕疵的检材出具的鉴定意见就存在着重大缺陷。再如侦查人员与司法会计鉴定人确定的鉴定事项存在问题,然后根据存在问题的鉴定事项出具的鉴定意见就存在着重大缺陷。

面对这种情况,原送检方、诉讼机关都可以提出进行补充鉴定,在司法会计鉴定人同意之后,办理补充鉴定手续,就可以启动补充鉴定程序了。补充鉴定,并不是全部重新鉴定,而只需要根据存在重大缺陷的地方进行重新鉴定即可,其他未涉及的地方就无须补充鉴定。

补充鉴定通知书

××【20××】×号

×××：

你于××年××月××日出具的【20××】×号《××》存在下列问题，请通过补充鉴定解决。

问题1：

……

问题2：

……

问题3：

……

请于××年××月××日前提供补充鉴定意见。

送检方公章

××年××月××日

（二）补充鉴定的受理

补充鉴定的通知书既是发给司法会计鉴定人的，也是发给司法会计鉴定机构的。司法会计鉴定机构认可后，经鉴定人同意，就可以办理补充鉴定相关手续，如重新接收检材、重新确定鉴定事项等。

（三）补充鉴定的实施

补充鉴定手续办理好之后，就可以开始实施补充鉴定了。这个补充鉴定，既可以由原鉴定人进行，也可以由鉴定机构委托新的鉴定人进行。补充鉴定结束之后，出具鉴定意见、制作相应的文书、签字盖章等流程都与第一次鉴定相同。

二、重新鉴定

与补充鉴定不同的是，重新鉴定是针对同一个鉴定事项（同一案件）提请鉴定。因此，这个鉴定过程是重新再来一遍鉴定流程，而不是只针对某一部分进行补充。至于重新鉴定的流程，与第一次鉴定一样，笔者在此就不再赘述。

第九节 司法会计鉴定意见

司法会计鉴定意见[①]，被称为"证据之王"，因为它是具备财会知识和法律知识双重知识体系的专业型、复合型人才，根据委托人提供的有关财务会计问题的案件资料，所做出的专业的结论性意见。

司法会计鉴定意见，属于刑事诉讼要求的八大证据之一。有人说司法会计鉴定本身既然是以《鉴定意见书》的形式出现在法庭上的，为什么不列入书证这一类呢？其实，司法会计鉴定意见，与书证还是有着本质区别的，它应该更类似于证人证言。因为，司法会计鉴定意见看起来虽然是以书证的形式表现出来的，但实质上却是证人对自己所要证实的东西的一种书面表达。就类似于，证人不方便出庭，或者即使是证人方便出庭，也会写出来的一种书面形式的证人证言。在法庭上，证人也会接受问询，相当于司法会计鉴定人在法庭上接受质证，道理都是一样的。所以说，司法会计鉴定意见，与书证是不同的。

---

① 2005年全国人大常委会颁布的《关于司法鉴定管理决定》中，将鉴定结论改称为鉴定意见，随后在2012年全国人大常委会修改刑事诉讼法、民事诉讼法时，也将鉴定结论改称为鉴定意见。

一、司法会计鉴定意见的特点

（一）司法会计鉴定意见不是最终的结论

司法会计鉴定意见是诉讼证据的一种，是由鉴定人作出的，受鉴定人能力以及其他因素的影响，可能出现错误或者不合理的地方。因此，司法会计鉴定意见不能作为直接的定案依据，还需要在法庭上进行质证[1]。

（二）司法会计鉴定意见受各种条件限制，并不必然是科学的

司法会计鉴定人的学识、能力、主观认知等都会影响到鉴定意见，因此，司法会计鉴定意见并不必然是科学的。同时，鉴定意见的科学性还会受到检材质量的限制。如果是根据现有的鉴定材料无法作出明确的鉴定意见时，可以在鉴定意见中表示，必须增加哪些限定条件才可以作出何种鉴定意见。

（三）司法会计鉴定意见可以增强裁判者的判断力

法官受专业的限制，可能对经济案件中涉及的财务问题和会计问题并不了解，因此在审理案件的过程中就需要借助于司法会计鉴定意见来增强自己的判断力。但是，我们需要重点注意的一点就是，司法会计鉴定意见并不必然是科学的，它还需要在法庭上经过质证，所以，这时候需要有"专家辅助人"的帮助。有了专家辅助人的帮助，法庭上的众人就可以更加客观地、清晰地了解司法会计鉴定意见的具体内容，这就可以避免相关人员过度依赖没有经过质证的鉴定意见，可以更好地提高司法会计鉴定意见的使用效果。

---

[1] 从各国立法情况来看，大多数国家都将司法会计鉴定意见置于与其他证据形式同等的地位，交由法官或者陪审员依照自由心证原则加以衡量。

二、司法会计鉴定意见的审查与运用

(一) 司法会计鉴定意见的审查

司法会计鉴定人出具司法会计鉴定意见之后，并不代表鉴定意见就是最终的结论，它仍然需要经过审查才能够使用。这个审查的过程，包括对鉴定意见的法庭质证、庭外调查等环节。具体来说，应包含以下五种审查：

一是审查鉴定人的资格。司法会计鉴定人出具鉴定意见必须符合法定的资格条件，如果不符合该条件的话，审查就不能够通过。

二是审查鉴定标准。司法会计鉴定人是按照一定的鉴定标准对所鉴定的事项出具鉴定意见，那这个鉴定标准就决定了鉴定意见的真实性、可靠性、实用性。因此，对鉴定标准的科学性、正确性应进行详细审查。

三是审查检材的真实性、完整性。司法会计鉴定人是根据侦查人员提供的检材出具鉴定意见的，因此，检材的质量直接决定了鉴定意见的可靠性。于是，对检材的真实性、完整性进行审查，就会发现鉴定意见所依据的前提是否符合鉴定要求。

四是审查鉴定意见的内容。司法会计鉴定人出具的鉴定意见，应符合逻辑性，其推断过程、论证方法等都应符合正常的逻辑要求。同时，还要注意审查鉴定意见中是否包含主观性的表述，这些表述都是不符合鉴定要求的。

五是审查出具鉴定意见的程序是否合规。只有在程序上、内容上都符合要求的鉴定意见，才能够作为诉讼证据使用，才能够在法庭上接受质证。如果程序上存在问题，鉴定意见的证明力将会受到较大的影响，甚至可能丧失证明力。

最后，还需要说明的一点就是，对鉴定意见的审查不能总是局限于鉴定意见本身，还需要结合对其他证据的审查进行对照分析，分析证据间的关联性，这是包含在对鉴定意见进行全面审查的范围之内的。

(二) 司法会计鉴定意见的运用

司法会计鉴定意见经过审查之后，就可以合理、合法地进行使用了。诉讼过程中，司法会计鉴定意见通常需要与其他证据一起共同来证明案件事实。因为，司法会计鉴定意见本身，只能证明经济案件中的财务事实和会计事实，并不能够证明这些事实具体是由谁来进行的。例如，在职务侵占案中，司法会计鉴定意见可以证明某公司财物确实短少了，短少的金额或者数量也可以证明，但是具体是由谁来侵占了却不能够直接证明，还需要侦查人员在侦查的过程中找寻其他的有关证据来共同证明，如言辞证据、视频图像证据等。因此，在司法会计鉴定时，必须事先考虑到司法会计鉴定意见的可证明性，提前做好相应的解决措施，争取让鉴定意见发挥最大的作用。

三、司法会计鉴定意见的内容

司法会计在我国的发展时间比较短，因此许多业务内容虽然已经有了相关法律法规的规定，但仍然没有形成普遍的、统一的标准。例如，在司法会计鉴定意见的内容上，当前就存在着不少的问题，笔者这里对此进行总结，希望未来从事司法会计鉴定的读者们能够引以为戒。

（一）司法会计鉴定意见书的标题表达不准确

"××市 ×城司法鉴定中心 专项审计报告""××市 ×城司法鉴定中心 司法审计报告""××市 ×城司法鉴定中心 审计鉴证意见书"等还有很多类似的司法会计鉴定意见书的标题，这些都是我们在实践中会看到的标题，其实都不符合司法会计鉴定的要求。

首先，标题必须写上"机构的名称＋司法会计鉴定意见书"，包括这两项内容的标题才是符合要求的标题。因此，"××市 ×城司法鉴定中心 司法会计鉴定意见书"这样的表达就正确了。

其次，为什么专项审计报告、司法审计报告、审计鉴证意见书等名字都不符合要求呢？很显然，取这些名字的司法鉴定中心还没有将自己的观念从专项审计（或者社会审计）的角度转变过来，还以为自己承接的是一项审计业务，也许这些司法会计鉴定人也是从会计师事务所走出来的，所以会对此产生混淆。

这些习惯性地将司法会计鉴定看成是审计活动的想法确实需要转变了，司法会计鉴定与审计存在着许多不同：一是司法会计鉴定人是接受侦查人员的指派或聘请参与到诉讼活动中的；二是司法会计鉴定人鉴定时所需要用到的检材是由侦查人员提供的，并不是司法会计鉴定人自己获取的；三是司法会计鉴定人不需要对犯罪嫌疑人是否参与犯罪活动进行定性，只需要对案件有关的财务问题和会计问题发表自己的专业意见即可。明白了这些区别之后，在司法会计鉴定意见上的填写标题就会有思路了，这个标题一定是与审计无关的内容。

另外，还存在一类标题，其错误就更加严重了，完全没有分清司法会计鉴定的任务和司法会计鉴定人的职责。"××市×城司法鉴定中心 关于李四涉嫌职务侵占案的司法会计鉴定意见书"，这是什么标题？直接对案件的性质下结论，就算不是下结论也是代表了其鉴定意见书里的内容会对案件的性质进行探讨。这类标题的错误就是，司法会计鉴定意见只能对案件中涉及的财务会计问题发表意见，例如某单位的财务会计资料显示，确实存在了银行存款的短款情况，这就是鉴定意见应该反映的内容。如果鉴定人说某单位的财务会计资料显示，李四确实发生了侵占公司财物的行为，这是怎么判断出来的？法庭尚未审判，司法会计鉴定人仅凭财务会计资料就能够证明这一事实？肯定不行，所以，这明显属于司法会计鉴定人对自己的职责认识不清，不知道自己应该证明什么，不应该证明什么。

（二）司法会计鉴定意见书的格式不符合要求

司法会计鉴定意见书应按照什么样的格式填写？司法部制定了《司法鉴定委托书》等7种文书格式，自2017年3月1日起执行。但是笔者发现，在2017年3月1日之后，仍有许多司法会计鉴定意见书格式不符合要求，甚至有的还是按照审计报告的格式进行填写的。

司法会计鉴定意见书的格式不仅仅代表着一种形式，更多的是代表着法律程序，代表着鉴定意见的法律效力。因此按要求填写司法会计鉴定意见书，不仅关乎着鉴定意见的本身，还关乎着鉴定人依法鉴定的职业精神。

（三）司法会计鉴定意见形成的依据不符合要求

司法会计鉴定意见，应依据的检材是被鉴定单位的财务会计资料，司法会计鉴定人应对财务会计资料的内容进行鉴别、判断之后发表鉴定意见。但是，笔者发现存在不少的司法会计鉴定人会根据"证人证言""讯问笔录""询问笔录""犯罪嫌疑人的供述"等言辞证据发表鉴定意见，这很显然不符合司法会计鉴定的流程。

（四）司法会计鉴定意见中对案件的定性发表意见

"犯罪嫌疑人钱某于2022年1月31日职务侵占A公司银行存款30万元"，"犯罪嫌疑人钱某共非法占有A公司房产总价值30万元"，"犯罪嫌疑人钱某参与非法集资的金额总计30万元"，类似这样的鉴定意见不算少数。很多司法会计鉴定意见书中的结论，竟然对案件的性质发表结论性的意见，这显然不符合司法会计鉴定程序。一方面，司法会计鉴定人并不是侦查人员，更不是法官，他只是针对财务会计资料中的财务问题和会计问题发表专业意见，并没有权利也没有立场对案件的定性问题发表意见。另一方面，司法会计鉴定意见，只是诉讼证据之一，本身也不是最终的结论，更不可能是判决性的结论。司法会计鉴定人只能针对自己的业务范围发表意见，不能"以偏概全"地对案件的定性问题发表意见。因此，凡是在司法会计鉴定意见书中对案件的定性发表意见的，都是不符合司法会计鉴定流程的意见书。

此外，我们也会看到有些鉴定人在鉴定意见中会加入超出财务问题和会计问题的意见。例如在一起职务侵占案件中，本来司法会计鉴定人鉴定出来的意见是某公司的财务会计资料确实存在短款30万元的现象，但是鉴定人在鉴定意见中还加入了"犯罪嫌疑人钱某利用职务便利侵占公司财产"的意见，除了对案件的定性发表了意见，还对案件的客观方面"利用职务便利"

发表了意见。但是,"利用职务便利"既不是案件涉及的财务问题,也不是案件涉及的会计问题,很显然是不符合司法会计鉴定流程的。

以上四点都是我们在日常司法会计活动中发现的不符合程序和内容要求的司法会计鉴定书内容,这样的鉴定书一定会影响到鉴定意见的法律效力,严重的可能还会使得鉴定意见丧失法律效力,希望广大读者和司法会计鉴定人都能够引以为戒。

第十节　司法会计鉴定行业发展

司法会计鉴定在我国的广泛使用,是从 2014 年开始的。这一结论,是通过对比两个时间段中使用司法会计鉴定的案件数量得出的。这两个时间段分别是 2004—2013 年十年间,2014—2021 年八年间。为什么 2013—2014 年,是一个变化点?因为在这一年,使用司法会计鉴定的案件突然成倍数增长,且未来几年一直保持在持续稳定的状态,因此我们有理由将这个时间点定为司法会计鉴定参与案件的一个转折点[①]。

我们从"北大法宝案例库"以"司法会计鉴定"为关键词进行检索的话,可以检索到自 2004 年到 2013 年这 10 年间的案例中使用"司法会计鉴定"的案例分布情况,如表 3-1 所示。

[①] 这一转变发生在 2013 年、2014 年,有以下三点原因:一是受到经济犯罪案件数量急剧上升的影响;二是受到《刑事诉讼法》修订的影响,"鉴定结论"转变为"鉴定意见",为司法会计鉴定的这种转变提供了契机;三是受到以审判为中心的刑事诉讼制度改革的影响。

表 3-1：2004—2013 年间"司法会计鉴定"相关案例汇总

案件审结年份	使用司法会计鉴定的案件数量	百分比①
2004	40	1.15%
2005	70	2.01%
2006	52	1.49%
2007	75	2.15%
2008	124	3.55%
2009	336	9.62%
2010	495	14.18%
2011	546	15.64%
2012	677	19.39%
2013	1076	30.82%
2004—2013 总计	3491	100%

从上表中可看出，2013 年以前，我国使用司法会计鉴定的案例并不多，平均到每一年是 300 多件。同时，我们也可以看出，随着市场经济发展脚步的逐渐加快，随着经济犯罪立案数的逐年增加，使用司法会计鉴定的案件也在逐年增加。

自 2014 年开始，我们就可以从"中国裁判文书网"进行检索。我们从"中

---

① 当年使用司法会计鉴定的案件数量占 2004—2013 年这 10 年间总共使用司法会计鉴定的案件总数的比例。例如，2004 年，使用司法会计鉴定的案件数量为 40，而 2004—2013 年总共使用司法会计鉴定的案件总数为 3491，因此，这个百分比为 1.15%。

司法会计基础理论研究

国裁判文书网"进行关键词检索"司法会计鉴定",会发现涉及司法会计鉴定的案件文书有 20000 多篇①,如表 3-2 所示。

表 3-2:2014—2021 年间"司法会计鉴定"相关案例汇总

案件审结年份	使用司法会计鉴定的案件数量	百分比②
2014	1516	5.63%
2015	2431	9.03%
2016	2781	10.33%
2017	3692	13.72%
2018	4511	16.76%
2019	5275	19.60%
2020	4666	17.34%
2021	2038	7.59%③
2004—2013 总计	26910	100%

从上表数据中可看出,随着经济犯罪诉讼活动的逐年增加,司法会计鉴定业务的重要性也在逐年提升。

那么,社会上都有哪些机构正在承担司法会计鉴定业务?按照机构的性质,可分为三类:

---

① 截至 2022 年 2 月 28 日,我们从中国裁判文书网查询涉及"司法会计鉴定"的案件,共获得 27334 篇文书,其中刑事案件文书 17226 篇。

② 当年使用司法会计鉴定的案件数量占 2014—2021 年这 8 年间总共使用司法会计鉴定的案件总数的比例。例如,2014 年,使用司法会计鉴定的案件数量为 1516,而 2012—2021 年总共使用司法会计鉴定的案件总数为 26910,因此,这个百分比为 5.63%。

③ 因四舍五入,稍作调整。正常应为 7.57%,调整为 7.59%。

一是在公检法部门内部设立的司法会计鉴定机构。这类机构最大的问题就是缺乏应有的独立性。我国最早设立的司法会计鉴定机构就是设立在检察机关内部①，且这个司法会计鉴定机构在很长一段时间内都发挥了重要的作用。

二是具有中介性质的，属于独立第三方的司法会计鉴定机构。这类机构的优势是具有独立性，完全独立于案件所有利益相关人，但这类机构也存在着许多不好解决的问题，其中最大的问题就是知识结构相对单一，要想找到既具备财会知识、又具备法律知识的复合型人才太难。

三是司法会计专家、学者。这类专家、学者，虽然具有复合型知识，但通常实践经验不足，鉴定时会囿于课本范畴，导致鉴定结果并不十分理想。

我们调查发现，中介机构是以上三类机构中承担最多司法会计鉴定业务的一类。同时，司法部规定了需要进行行政审核登记的司法鉴定范围②，并没有包含司法会计鉴定。也就是说，司法会计鉴定机构，目前属于市场准入阶段，不需要进行审核登记，所以会计师事务所承接司法会计鉴定业务变得合情合理，而且也是最为合适的。

有一段时间，曾有人认为"四大类"③以外的司法会计鉴定领域将会被取消，一度导致我国司法会计鉴定领域出现了短暂的混乱，人心不安，思想认识不稳。但很显然，存有这种观点的人是对国家政策的严重误解。随后，司

---

①1985年6月，最高人民检察院为了适应反腐斗争的需要，在大连召开了全国检察系统刑事技术座谈会，首次提出了在全国省市两级检察机关设置司法会计鉴定门类，并纳入检察刑事技术系列。

②2017年11月，司法部印发了《司法部关于严格准入 严格监管 提高司法鉴定质量和公信力的意见》（司发〔2017〕11号），该意见明确规定："司法行政机关审核登记管理范围为从事法医类、物证类、声像资料，以及根据诉讼需要由国务院司法行政部门商最高人民法院、最高人民检察院确定的其他应当实行登记管理的鉴定事项（环境损害司法鉴定）的鉴定机构和鉴定人，对没有法律、法规依据的，一律不予准入登记"。

③四大类鉴定，指法医类、物证类、声像资料类、环境损害类鉴定。详情见2017年11月，司法部印发了《司法部关于严格准入 严格监管 提高司法鉴定质量和公信力的意见》（司发〔2017〕11号）。

法部对此专门发文作出了如下解释，如表 3-3 所示。

表 3-3：司法部文件重要内容

文件名	文件重要内容
2017年11月，司法部印发了《司法部关于严格准入严格监管 提高司法鉴定质量和公信力的意见》（司发〔2017〕11号）	司法行政机关审核登记管理范围为从事法医类、物证类、声像资料，以及根据诉讼需要由国务院司法行政部门商最高人民法院、最高人民检察院确定的其他应当实行登记管理的鉴定事项（环境损害司法鉴定）的鉴定机构和鉴定人，对没有法律、法规依据的，一律不予准入登记。
2018年12月5日《关于严格依法做好司法鉴定人和司法鉴定机构登记工作的通知》（司办通〔2018〕164号）	司法行政机关虽然不再登记从事"四大类"外鉴定业务的法人或其他组织及有关人员，但其仍然可以依法接受办案机关或者有关组织、个人委托，为案件或者其他活动中涉及的专门性问题提供鉴定服务。

由此可见，司法机关的本意是要对"四大类"鉴定业务进行严格管理，但对其他鉴定业务将会放开市场准入。即"四大类"外鉴定义务，将不再实行司法机关的行政准入制度，这些行业管理将会交给行业管理协会进行自助管理。

本节我们将从会计师事务所角度出发，论述我国司法会计鉴定行业发展中存在的问题，并从中提出相应的解决措施。

一、会计师事务所承接司法会计鉴定业务存在的问题

（一）对复合型人才的招聘、培养重视不够

一般来说，会计师事务所的从业人员，基本都是注册会计师，或者是从事会计专业、高等教育阶段学习会计专业的人才。这部分人才的会计知识都是相当熟练，但缺乏与鉴定业务相关的法律知识。同样的道理，律师事务所

的从业人员，大都具有法律相关知识背景，但对会计、财务管理、审计等相关知识基本不了解，这也导致了律师事务所在承接司法会计鉴定业务时同样存在知识能力欠缺的问题。

人才培养、人员培训是事务所一项非常重要的工作。在本身复合型人才较为缺乏的前提下，现阶段事务所对于人才的培训极少涉及司法会计相关业务的培训也是一个很大的问题。这与事务所承接的司法会计鉴定业务的业务量较小也有一定的关系，但更多的是重视程度不够。

（二）因司法会计鉴定业务量小导致的重视程度不够

一般来说，会计师事务所的主营业务是做财务会计报告审计，也有的事务所可以做上市公司的审计业务，也有的事务所更多的是做管理咨询或者代理记账业务。但在会计师事务所中，由于承接的司法会计鉴定业务不多，所以大部分事务所都没有单设"司法会计部"或者是"法务会计部"。一方面，没有单设部门会给业务人员带来领导不重视的印象，而由于领导的不重视，就会使得业务人员产生懈怠情绪，导致鉴定业务的最终结果变得不够理想。另一方面，未单设部门也可能出现不好管理的现象，从培训、业务提升，到业务具体实施过程，都需要有统一的领导、有平时的交流等。而未单设部门，导致这种领导、交流的过程就变得不那么顺畅，甚至可能被取消，最终就会影响到鉴定业务的质量。以上两部分原因都可能导致司法会计鉴定业务的质量得不到有效的保障。律师事务所里，也存在因为业务量小导致的重视度不够的问题。在律师事务所里，由于司法会计鉴定业务的量比较小，大部分事务所也就不会单设部门对其进行规范管理，这就会导致最终司法会计鉴定业务的质量可能并不理想。

（三）对司法会计鉴定业务的高风险进行内部控制的能力较弱

司法会计鉴定，是诉讼活动的一部分，所以它的风险性要明显高于会计师事务所承接的其他审计业务。司法会计鉴定业务的高风险性，就决定了这项业务对于会计师事务所来说应设计更为全面的、严格的内部质量控制制度。

但从目前的情况来看，由于大部分会计师事务所没有将司法会计鉴定业务作为主要业务，也没有将司法会计鉴定业务单设部门，这就导致他们也没有针对司法会计鉴定风险的内部质量控制制度。同时，这些事务所可能也没有针对司法会计鉴定业务的特殊性制定相应的业务操作流程、操作标准、证据标准、出庭质证流程等。同样的问题，也存在于律师事务所中，对高风险业务的内部质量控制确实是目前司法会计鉴定业务的短板。

（四）法律法规上并未对司法会计鉴定意见进行统一管理

司法会计鉴定意见的使用范围很广泛，刑事案件的控辩双方，民事案件、行政案件的当事人，公安机关的侦查人员、检察官、法官等与案件有关的人，都是鉴定意见的使用者。随着案件数量与涉案金额的急剧增长，司法会计鉴定意见的使用范围将会越来越广泛，但司法会计鉴定人能力的增长显然还不太成正比，这也就经常导致鉴定意见的使用者对鉴定意见存在不满意的情况。随着广大人民群众法律意识的逐步提升，随着相关案件的逐年增长，因为鉴定标准的不统一带来的后续问题一定会越来越多，对案件的影响也会越来越大。

（五）司法会计鉴定人受能力的限制导致的出庭率普遍较低

司法会计鉴定人有义务出庭接受质证，这在《民事诉讼法》[①]、《刑事诉讼法》[②]、《司法鉴定程序通则》[③]中都有相关说明。当然，所有的文件中，都说明

---

①《中华人民共和国民事诉讼法》第78条规定："当事人对鉴定意见有异议或者人民法院认为鉴定人有必要出庭的，鉴定人应当出庭作证。"

②《中华人民共和国刑事诉讼法》第59条规定："现有证据材料不能证明证据收集的合法性的，人民检察院可以提请人民法院通知有关侦查人员或者其他人员出庭说明情况；人民法院可以通知有关侦查人员或者其他人员出庭说明情况，有关侦查人员或者其他人员也可以要求出庭说明情况。经人民法院通知，有关人员应当出庭。"

③《司法鉴定程序通则》第43条规定："经人民法院依法通知，司法鉴定人应当出庭作证，回答与鉴定事项有关的问题。"

司法会计鉴定人员在有需要的时候，应当出庭作证。什么是"应当"出庭作证？这对司法会计鉴定人员来说，就是规定了他的一项义务，但是并不是"必须"的。所以，实践中，就有许多司法会计鉴定人员以各种理由选择不出庭作证。司法会计鉴定人员不出庭接受质证，一方面表现出了司法会计鉴定人员对自己的鉴定意见没有信心，或者是对整个的鉴定程序没有信心；另一方面也直接影响了法庭对鉴定意见的采纳效果，可能因此法庭就不予采纳鉴定意见或者是部分采纳鉴定意见，这对委托人、当事人来说都是一种打击。

二、会计师事务所承接司法会计鉴定业务的解决措施

（一）选用、培养既具备财会知识又具备法律知识的复合型人才

在之前的分析中，我们可以看出，不论是会计师事务所，还是律师事务所，他们都普遍缺乏复合型人才，这也是整个社会普遍存在的问题。注册会计师考试、司法考试，一直被誉为是国内最难通过、最具挑战性的两大考试。一般来说，一个人能通过这两大考试其中之一的，都被称为是社会上的精英了，更何况二者兼而有之。

所以，我们在解决司法会计鉴定的复合型知识问题时，也需要考虑到现实条件。笔者认为解决办法有两个：一是尽可能地选用既具备会计、财务管理、审计相关业务知识、又具备法律知识的复合型人才；二是在第一种情况不具备的前提下，我们可以采用后期多增加业务培训的方式，对现有人才的知识结构进行补充。例如，在会计师事务所，可以多开设几期与司法会计鉴定相关的法律知识培训。同样的道理，在律师事务所也可以多开设几期与财会知识相关的培训。我们针对现有人才的培训做好了之后，也会出现很多复合型人才。再如，多鼓励现有人才参加相关考试，以考促学，希望现有人才在工作之余能够自己主动丰富自己的知识结构。

这样，我们通过现有人才主动学习、主动参与事务所内复合型知识的培

训，就可以基本实现人才知识结构方面的要求了。

（二）单设部门，重视司法会计鉴定业务

不论是会计师事务所，还是律师事务所，在事务所内部单设"司法会计部"或者是"法务会计部"，都可以为事务所的司法会计鉴定业务带来更多的好处。一是单设部门，可以提高事务所领导和业务人员对该项业务的重视程度。重视程度有了，自然可以提高鉴定业务的质量。二是单设部门更有利于业务交流。在同一部门内部，当存在问题时交流会更为顺畅、方便，大家集思广益，才能解决更多书本上解决不了的问题。三是单设部门可以更好地制订业务流程。将司法会计鉴定的业务流程与事务所承接的其他业务的流程进行明确区分，对提高鉴定业务的质量是非常有好处的。四是单设部门对培训也更有利。按照部门进行业务培训是事务所的惯例，司法会计鉴定所需的培训也是非常多的，所以单设部门就可以更好地解决培训这一关键性问题了。

（三）制定司法会计鉴定业务的内部质量控制制度

司法会计鉴定的业务流程，包括受理鉴定业务、开展鉴定业务、出具鉴定意见。根据这三个业务流程，我们需要分别找寻内部质量控制思路，制订内部质量控制办法。

一般来说，我们需要对鉴定过程中容易出现的不确定性因素进行质量控制。

1. 受理鉴定业务阶段

这一阶段可能带来风险的就是"鉴定材料"的真实性。

一方面，鉴定材料可能不完整。例如，在鉴定逃税案件的涉案金额时，如果不能确定被鉴定人的纳税人身份（一般纳税人、小规模纳税人）的话，就会造成增值税适用税率的不确定性。再如，计算企业所得税时，如果被鉴定单位当年处于亏损状态，只根据当年的亏损状态进行企业所得税的核算很

显然是不符合《企业所得税法》的相关规定的[①]，委托人必须提供需要鉴定的那一年之后的五年的利润情况。因此，完整性对鉴定意见的影响是非常大的。

另一方面，委托人提供的鉴定材料可能存在伪造、变造、删改、涂写等现象。如果司法会计鉴定人，根据已被删改过的鉴定材料进行鉴定的话，那最终的鉴定结果就无法反映真实情况。

所以，首先需要清楚自己接收的鉴定材料的真实性、完整性，如果委托人对此无法确定的话，就给鉴定人和承接鉴定业务的事务所带来了质量风险。

2. 开展鉴定业务阶段

开展鉴定业务阶段，可能出现问题的环节就是鉴定人能力、鉴定程序这两点。

一方面我们在前面的论述中已经谈到了解决鉴定人能力的方式，就是通过选用复合型人才，或者是对现有人才进行培训的方式，争取让鉴定人都具备会计和法律双重知识能力。

另一方面鉴定人开展鉴定业务遵循的程序可能存在的问题也不少。一是鉴定人可能局限于审计业务的知识体系，导致混淆了司法会计鉴定与审计的程序，最终在司法会计鉴定中使用了不恰当程序。例如，在司法会计鉴定时，如果发现鉴定材料存在不完整的情况，可以申请侦查人员补充材料，但是鉴定人不能够自己获取材料或者自己直接向被鉴定对象索取材料。因为，鉴定人是接受委托人的委托所做的鉴定，材料就应由委托人提供，一旦由自己获取就可能存在材料获取方式的错误引发的鉴定意见问题。二是鉴定人在鉴定材料不完整、不充分的情况下，就根据现有的材料，再加上自身的经验判断

[①]《中华人民共和国企业所得税暂行条例》规定："纳税人发生年度亏损的，可以用下一纳税年度的所得弥补；下一纳税年度的所得不足弥补的，可以逐年延续弥补，但是延续弥补期最长不得超过五年。"

作出鉴定意见，这是严重违反鉴定程序的行为。三是鉴定人在鉴定过程中应时刻保持独立第三方的中立立场。未能保持这种中立立场，就会导致鉴定意见中出现带有偏向性的鉴定词语，例如"犯罪分子""贪污""逃税"等字眼。未经法院审理，任何人不能对案件的性质、对犯罪嫌疑人的身份进行定性，司法会计鉴定人更加不可以。司法会计鉴定意见，本身就是对案件事实的一个推断，至于这个推断是否成立，要看审判的过程中法庭是否会认可。所以鉴定意见不是结论性意见，更不应该带有主观性判断，中立立场是需要时刻保持的。

3. 出具鉴定意见阶段

鉴定意见的规范性，是保证鉴定意见真实有效的前提。要求是格式要规范，表述应清晰明了，多采用专业用语，旨在给出专业的意见，不要做案件定性方面的表述。

在会计师事务所或者是律师事务所内部，都有相应的审核部门（或者叫质量控制部门），这些部门应由专业人员组成，负责对司法会计鉴定意见进行定稿前的审核。如果出现根据委托人的鉴定材料进行鉴定，却无法发表鉴定意见的情况，应由事务所形成相应的报告，向委托人提交，报告中可详细说明未能形成鉴定意见的原因，并对后续的工作提出相应的建议。

综上，司法会计鉴定的整个流程中，都可能存在着影响鉴定质量的因素，我们要做的就是针对这些因素逐一想出解决办法，制订总体的质量控制办法和具体的防控建议，以此保障司法会计鉴定意见质量的提升。

（四）制定司法会计鉴定的行业统一标准

尽早制定和完善司法会计鉴定的行业统一标准。首先，有利于保护鉴定人、鉴定机构，以及案件双方涉及的人员的整体利益。按照统一的标准进行鉴定，就不会出现一个案子有两三种不同的鉴定意见的情况。其次，有利于促进整个行业进入到快速、健康、有序的发展之路上，司法会计鉴定业务的未来发展就会变得更快更好。

1. 统一规定启动司法会计鉴定程序的人员和制度

由谁来决定启动司法会计鉴定？在哪个环节可以启动司法会计鉴定？实践中这两个问题普遍存在。一般来说，侦查机关在侦办经济犯罪案件时，通常会遇到需要启动司法会计鉴定程序的时候。但是由于没有统一的行业标准，这就导致有的侦办人员为了缓解办案时间紧张、压力较大等情况，将本来不该启动司法会计鉴定程序的案子自由裁量决定启动鉴定程序，或者是侦办人员为了节省办案经费而自由裁量决定不启动鉴定程序。这种自由裁量权大都掌握在了侦查机关的手中，权利较大，可能会对被告人产生不利的影响。

因此，制定统一的行业标准之后，就可以规定诸如哪些类别的案件，或者规定涉案金额达到多少以上的案件等条件，必须启动司法会计鉴定程序。同时，也可以规定侦查机关在这个问题上的责任和义务，尽可能保障被告人的权利。

2. 对鉴定人、鉴定机构进行规范，统一标准

司法会计鉴定机构、司法会计鉴定人，需要满足什么样的条件，才符合该行业的要求？这个资格具体如何，需要有一个行业的统一标准进行规范。对司法会计鉴定机构和鉴定人应分别做出规定，如鉴定机构应符合什么条件（有多少符合条件的鉴定人才可以成立鉴定机构等），应归属于哪个部门进行管理，如何年检审核等。再如鉴定人应取得职业资格或者是注册执业资格，或者是拥有相应的职称资格，并要求在管理部门进行注册登记，每年如何考核、继续教育以及奖惩措施等。在此基础之上出具的鉴定意见，就是符合资格条件的意见，就具备相应的证据效力（在其他条件也符合的前提下，证据效力就有了保障）。

3. 对司法会计鉴定方法、鉴定流程进行统一规定

目前，司法会计鉴定人在鉴定过程中，依据的都是会计准则、审计准则、鉴证业务准则等分散的行业标准，有的行业标准也未必适合司法会计鉴定业务。同时，鉴定人的鉴定操作程序，也没有统一的标准进行规范，导致很多鉴定业务出现程序不合规、鉴定人资格不符合、鉴定意见书表述不合理等现象，最终导致鉴定意见无效或者是丧失部分效力，无法成为定案证据之一，提高了鉴定人的执业风险。

制定司法会计鉴定行业统一标准程序时，可考虑从开始接受鉴定业务、开展鉴定业务、出具鉴定意见这三个流程，分别制订详细的流程规范。例如，开始接受鉴定业务时，对委托机关的委托程序、送交鉴定材料程序等都进行一一规范，尤其对鉴定材料的可靠性进行规范；开展鉴定业务时，规范鉴定人可使用的鉴定方法，不可使用的鉴定方法（例如抽样法），应遵循的鉴定准则（具体规定应遵循哪些准则，例如鉴定人不可以自行搜集鉴定资料等准则）等，这些方法可以技术准则的方式进行发布；出具鉴定意见书时，对意见书的形式、内容等进行详细规定，同时对鉴定人参与法庭质证的环节也应详细规范。

以上，仅是列举了司法会计鉴定统一标准中需要详细规定的几个方面，肯定还有很多需要规范的地方受篇幅的限制和笔者能力的限制无法一一列举。但总体上来说，一个统一的行业标准，是能够促进行业健康、有序发展的基础。

（五）对司法会计鉴定人出庭参与法庭质证进行严格规定

司法会计鉴定意见，并不是直接的定案依据，如果案件双方涉及的人员对鉴定意见存在疑问，应该给其一个提出质疑并且得到释疑的过程，即法庭质证过程。当前，普遍存在司法会计鉴定人出庭率低以及出庭后（极少数出庭的鉴定人）表现不尽如人意的问题。所以，应从法律法规上，对司法会计鉴定人的出庭做相应的规定，例如要求鉴定人在什么情况下必须出庭，否则其鉴定意见将不被采纳，也可规定参与法庭质证的奖励措施（可以适当补贴）等；再如，为保障鉴定人出庭参与质证的表现，可进行相应的培训，提高鉴定人的庭审表达能力；再如，法律法规中也应制定对鉴定人的人身保护制度，防止鉴定人参与法庭质证却遭遇不法侵害的情况等。

(六)提升专家辅助人的辅助作用

审理案件的法官,通常不具备会计、财务管理、审计等相关学科背景、知识背景等,他通常只能对司法会计鉴定意见的鉴定程序进行询问,对鉴定意见的具体内容的把握就会变得流于形式。因此,在涉及司法会计鉴定的案件中,法官可以申请具有专门知识的人出庭,针对司法会计鉴定意见进行询问、解答等,这些具有专门知识的人就是"专家辅助人"。除了法官,公诉人、辩护人、当事人等如果对司法会计鉴定意见存在疑问的话,也可以申请"专家辅助人"出庭。有了专家辅助人的帮助,法庭上的众人就可以更加客观地、清晰地了解司法会计鉴定意见的具体内容,这就可以避免相关人员过度依赖没有经过质证的鉴定意见,可以更好地提高司法会计鉴定意见的使用效果。

第十一节 司法会计鉴定人参与法庭质证

社会上普遍存在两种观点:一是认为司法会计鉴定意见具有绝对的"权威性",法官在审判的过程中,可以直接采用,认定其为真实的、可用的诉讼证据。按照这种观点,司法会计鉴定人就不需要出庭接受质证。二是认为司法会计鉴定意见,只是一种"意见",是意见就会因为鉴定人的主观性产生各种各样的问题,法官对此不应全盘采纳。按照这种观点,司法会计鉴定人就应当出庭接受质证,以此来证实鉴定意见的真实性、有效性。

笔者认可第二种观点,这就为司法会计鉴定人接受法庭质证提供了必要性依据。

那到底什么是法庭质证?如何进行质证?这些都是本节需要重点探讨的内容。

一、什么是法庭质证？

法庭质证，顾名思义就是在法庭上的质证过程。质证是一个具有并列性质的词语，代表着质疑和证明（释疑），质疑是由法庭上的司法会计鉴定意见的使用者提出的质疑，证明是由司法会计鉴定人根据质疑做出的证明（释疑）。因此，司法会计鉴定人的法庭质证，就是指司法会计鉴定人在法庭上针对司法会计鉴定意见中存在的任何问题，接受法庭上案件相关人员的质疑，然后再根据自身的专业知识做出回答的过程。

（一）法庭质证的主体

《刑事诉讼法》没有关于鉴定意见的质证主体的规定，但第61条[1]中提出了证人证言的质证主体为公诉人、被害人和被告人、辩护人双方。鉴定意见和证人证言，同属于法律规定的证据类型，而且他们的表现形式是极其相似的[2]，所以笔者认为二者的质证主体应该是一致的。但也有学者提出，法官也应该成为质证的主体，对此笔者持不同观点。法官在庭审时，是起到主持质证程序的作用，法官应做的是听取双方的质疑和证明，并不是提出质证问题和证明质证问题的任何一方，所以法官不应作为司法会计鉴定的质证主体。《民事诉讼法》第71条[3]提出了证据应由当事人在法庭上互相质证。《行政诉

---

[1]《刑事诉讼法》第61条规定："证人证言必须在法庭上经过公诉人、被害人和被告人、辩护人双方质证并且查实以后，才能作为定案的根据。法庭查明证人有意作伪证或者隐匿罪证的时候，应当依法处理。"

[2] 笔者认为，相比较书证，鉴定意见更类似于证人证言。因为鉴定意见是鉴定人根据自己的专业知识对鉴定材料所做出的证明，所以与证人根据自己所了解的案件事实所做出的证明，形式是一样的。

[3]《民事诉讼法》第68条规定："证据应当在法庭上出示，并由当事人互相质证。对涉及国家秘密、商业秘密和个人隐私的证据应当保密，需要在法庭出示的，不得在公开开庭时出示。"

讼法》第43条①提出的质证主体与《民事诉讼法》完全相同。通过对以上三大诉讼法的有关质证主体的分析，我们可知质证主体就是案件双方当事人（刑事案件中的控辩双方，民事、行政案件中的双方当事人，本节我们统一以案件双方当事人简化称之），不包括法官。

但是司法会计鉴定人是否属于质证主体？对此，学术界普遍存在两种观点：一是认为司法会计鉴定人不应成为质证主体，因为质证是案件双方当事人所做的质证过程，同时相关诉讼法中也未将其列入主体范围之内；二是认为司法会计鉴定人应属于质证主体，因为质证的意思就是质疑和证明，案件双方当事人就属于质疑的主体，而司法会计鉴定人就属于证明的主体。笔者认同第二种观点。很显然质证时，法庭分成两方，一是来自案件双方当事人对司法会计鉴定意见提出的质疑，二是来自司法会计鉴定人对案件双方当事人的质疑所做出的证明。由此来看，这两方都属于质证的主体才更为合理一些。

（二）司法会计鉴定人参与法庭质证的意义

1. 保障案件双方涉及的人员的权利

质证的过程，是采取交叉询问的方式，即案件双方当事人在法官的主持下，依次对司法会计鉴定人进行询问（质疑），司法会计鉴定人需要一一作出证明（释疑）。很显然，这个过程给了案件双方当事人一个质疑的过程，如果没有这个过程，司法会计鉴定意见可能会被直接认定为定案的依据（走个简易程序），这个过程充分地体现了司法公正。

---

①《行政诉讼法》第43条规定："证据应当在法庭上出示，并由当事人互相质证。对涉及国家秘密、商业秘密和个人隐私的证据，不得在公开开庭时出示。人民法院应当按照法定程序，全面、客观地审查核实证据。对未采纳的证据应当在裁判文书中说明理由。以非法手段取得的证据，不得作为认定案件事实的根据。"

2. 有效提高鉴定人的工作效率和工作积极性

这个质证过程，需要鉴定人对自己的鉴定过程和程序、鉴定材料的具体内容、鉴定意见的每一项内容等都非常清楚、了解，否则他不可能在法庭上对案件双方当事人的质疑做出合理的证明。所以，这个质证过程提高了鉴定人的工作效率和积极性。

3. 有效保障法官对鉴定意见作为定案依据的认定

如果没有这个质证过程，法官可能只能通过对鉴定意见的基本程序是否合规、合法方面对鉴定意见进行审核，并没有办法对整体的内容进行判断。如果仅基于程序合法就认定该鉴定意见为定案的依据显然有些草率。但通过这个质证过程，案件双方都可以提出自己的质疑，法官在听取鉴定人做出的证明意见的基础上，再对鉴定意见做出相应的认定，就更加科学、更加合理了。

二、我国司法会计鉴定人参与法庭质证存在的问题

（一）司法会计鉴定人的出庭意识、鉴定能力尚需加强

司法会计鉴定人参与法庭质证，在《民事诉讼法》[1]《刑事诉讼法》[2]《司法鉴定程序通则》[3]中都有相关说明。但是，以上文件中，都说明司法会计鉴定

---

[1]《中华人民共和国民事诉讼法》第78条规定："当事人对鉴定意见有异议或者人民法院认为鉴定人有必要出庭的，鉴定人应当出庭作证。"

[2]《中华人民共和国刑事诉讼法》第59条规定："现有证据材料不能证明证据收集的合法性的，人民检察院可以提请人民法院通知有关侦查人员或者其他人员出庭说明情况；人民法院可以通知有关侦查人员或者其他人员出庭说明情况。有关侦查人员或者其他人员也可以要求出庭说明情况。经人民法院通知，有关人员应当出庭。"

[3]《司法鉴定程序通则》第43条规定："经人民法院依法通知，司法鉴定人应当出庭作证，回答与鉴定事项有关的问题。"

人员在有需要的时候，应当出庭作证。什么是"应当"出庭作证？这对司法会计鉴定人员来说，就是规定了他的一项义务，但是并不是"必须"的。所以，实践中，就有许多司法会计鉴定人员以各种理由选择不出庭作证。司法会计鉴定人不参与法庭质证，一方面表现出了司法会计鉴定人员对自己的鉴定意见没有信心，或者是对整个的鉴定程序没有信心；另一方面也直接影响了法庭对鉴定意见的采纳效果，可能因此法庭就不予采纳鉴定意见或者是部分采纳鉴定意见，这对案件双方涉及的人员来说可能都是一种打击。

（二）统一的司法会计鉴定标准尚需尽快制定

我国目前还没有统一的司法会计鉴定标准，这就给鉴定人的鉴定工作带来了相当大的困扰，同时也使得法庭的质证过程充满了不确定性。现阶段，司法会计鉴定人会根据《会计准则》《审计准则》《鉴证准则》等相关准则的规定和要求，对鉴定材料进行鉴别、判断，但是这些相关准则都只是规定了司法会计鉴定的某一个方面，并不是针对该鉴定的统一标准。这就很可能导致针对同一个鉴定材料，不同的鉴定人得出的鉴定意见可能是不同的，甚至可能是截然相反的；也可能导致法官在法庭质证环节，不知道按照何种标准来对鉴定意见进行判定。这些问题，都严重影响到了我国司法会计鉴定行业的正常、有序地发展，给鉴定人也带来了极大的困扰，是急需解决的问题。建议司法会计鉴定的主管部门、行业管理部门、专家学者们，尽快制定和完善一部统一的《司法会计鉴定标准》。

（三）法庭质证时，对鉴定意见进行证明力的审查存在困难

法庭质证环节，主要是针对司法会计鉴定意见的证明力、证明能力两方面进行质证。证明力，是指鉴定意见的可靠性，即鉴定意见在内容上是否可以作为定案的证据；证明能力，是指鉴定意见的合法性，即鉴定意见在形式上、程序上是否合法、合规。实质内容上的可靠性和形式程序上的合法性，就构成了鉴定意见法庭质证的两大环节。但从目前极少数出现的

司法会计鉴定人参与法庭质证过程来看，案件双方当事人更多的会将精力放在对形式程序的质疑上，较少存在对实质内容的质疑。原因很简单，因为鉴定意见的实质内容、涉及的专业知识"太专业"，如果没有请专家辅助人参与其中的话，一般的案件双方当事人受到专业的限制，是很难对实质内容提出质疑的。

（四）当前的质证过程即交叉询问过程流于形式

质证过程，是指案件双方当事人在法庭上，对鉴定意见的内容、程序进行交叉询问的过程。但是，司法会计鉴定意见，与其他的鉴定意见稍有不同，它的专业性更强一些，一般的非专业人士可能根本看不懂。这就带来一个问题，那就是案件双方当事人，可能只能对司法会计鉴定意见的程序是否合规、方法是否恰当做一个质疑、询问，他们无法对司法会计鉴定意见的内容本身做出质疑。所以，当前很多的庭审中，虽然也存在质证过程，但基本流于形式了。这个形式就变成由公诉人（以刑事案件为例）向法官宣读司法会计鉴定意见的结论性意见部分（并不是全部宣读），法官象征性地问一下辩方是否认可鉴定意见的内容和程序。而辩方大多数会表示认可，少数会针对程序提出质疑，极少数会针对内容（尤其是带有结论性的金额内容）提出质疑。庭审时，较少会出现控辩双方激烈争辩的过程，鉴定人也极少会出庭参与质证。

（五）不重视专家辅助人的作用

追究质证过程流于形式的原因，很大程度上是由于案件双方当事人对司法会计鉴定方面的相关专业知识较为薄弱，无法对鉴定意见的内容做出应有的质疑。因此，法律充分考虑到了这个问题，提出了"专家辅助人"制度，即允许专家辅助人参与质证，对专门性问题进行辅助听证。这一规定是对案件双方当事人的一种保护，也是对司法会计鉴定意见质量提升的一种激励。可惜，从目前的庭审情况来看，专家辅助人的出庭率非常低，没有受到应有的重视。一方面，法律法规对专家辅助人如何参与庭审，采取何种形式参与庭审等相关规定都没有一个统一的解释。相关规定还是不够健全，大家目前都是各行其是，按照自己的思路进行的，肯定其中会存在不少的问题。一旦有问题发生，也影响到了整个专家辅助人行业的发展。另一方面，需要对专家辅助人进行资格上的规范，在能力、知识背景方面进行统一规范、管理。否则，所有的专家辅助人都是自认为自己是符合要求的，那就给整个行业带来了较大的风险，对质证主体选择满意的专家辅助人也带来了非常大的不便。

三、建立健全我国司法会计鉴定人参与法庭质证的保障措施

（一）建立统一的、完整的《司法会计鉴定标准》

笔者认为，鉴定标准可以从整个鉴定工作的全部流程环节进行规范，针对每个流程环节分别制定相应的标准。例如，从受理鉴定业务的阶段进行规范，这一阶段就需要对鉴定人的主体资格、鉴定材料的标准等进行规定。鉴定人需要具备什么样的知识能力、需要对案情有什么样的独立性；什么样的材料才是符合标准的鉴定材料，如果鉴定材料不符合标准应如何处理，还有什么补救措施，每种补救措施应具体如何进行等。再如，在开展鉴定业务阶段，应采用什么样的基础性标准（如会计标准等）、哪种证据标准适用于哪种具体情况等。标准确定了，就可以从源头上杜绝鉴定意见的随心所欲，减少甚至是杜绝鉴定意见的主观性。用最为科学的方法进行鉴定，争取保证每一个鉴定人针对同一套鉴定材料出具的鉴定意见会是统一的。最后，在出具鉴定意见阶段，如何表述，用语如何规范，遵循什么样的原则出具鉴定意见等，都需要进行详细的规范。有了统一的意见标准，整个的鉴定意见才能够合格、规范、统一，也能够让使用者一目了然，才能够让不具备财会知识的使用者都能够看得懂。

《司法会计鉴定标准》的制定不是一蹴而就的，是需要所有的司法会计鉴

定的从业人员、专家学者等,共同努力、群策群力,共同完成的。一套完善的鉴定标准,一旦成功发行,会带领我们整个司法会计行业走向一个崭新的阶段——标准化鉴定阶段。

(二)明确规范司法会计鉴定人的主体资格

目前,我们只知道,司法会计鉴定机构,必须有能够承接司法会计鉴定业务的资格,但是这个资格是如何规定的,没有哪个法律法规对其进行了详细的描述。我们也知道,司法会计鉴定人,必须既具有财务会计相关知识,又具有鉴定方面法律知识,但是对这些知识如何评价,尚无明确的法律法规对其做过详细的规定。同时,司法会计鉴定人肯定要独立于案件之外,与案件双方当事人都无利益关系,但是这种关系具体是怎样的,也没有相应的法律法规对其进行规范。

我们现在看到的,都是宽泛的、常识性的一些规定,涉及具体内容的具体规定、明确规定,还是没有的。所以,现在可做的就是在《司法会计鉴定标准》中对司法会计鉴定主体资格做一个统一的规定,这样在出具鉴定意见时才能够保证意见的客观性、专业性。

(三)增强司法会计鉴定人的出庭意识,提高出庭率

增强司法会计鉴定人的出庭意识,应从法律法规上进行规制。例如,我们在三大诉讼法中可以直接提出"司法会计鉴定人在有需要的时候,必须出庭作证。"直接把"应当"改为"必须",就增强了鉴定人的出庭义务。同时,我们还可以规定"凡不能出庭参与质证的,一律取消该鉴定意见作为定案事实依据的资格"。这样就可以从侧面提高鉴定人的出庭率。如果因为鉴定人的无故不出庭而导致了鉴定意见的无效,鉴定人将作为"未完成鉴定任务"的过错方,对鉴定合同承担违约责任。

(四)提高鉴定人参与法庭质证的能力

鉴定人的质证能力分两种:一种是出具鉴定意见的能力,即司法会计鉴

定所需的综合能力,这个能力就表现在法庭上能否针对鉴定意见对案件双方当事人提出的问题进行充分的回答;另一种是将司法会计鉴定过程、具体内容通过通俗、非专业化的语言讲述出来的能力,这种能力就表现在法庭上是否有能力将专业性极强的知识给非专业人士讲清楚、讲明白。

1. 提高专业能力

司法会计鉴定所需的专业知识,是包括财会知识和法律知识在一起的复合型知识。对这些知识的获取,除了高等教育阶段的学习,就是工作之后的业务培训。所以,鉴定人需要通过各种机会参加业务培训,鉴定机构也应为鉴定人提供各种培训机会。这些定期培训、定期考核的方式,可以有效提高鉴定人的专业能力。鉴定机构,也可以经常性地聘请一些专家学者为鉴定人做专题讲座,针对前沿鉴定技术、鉴定手段所做出的分享,能够帮助鉴定人及时地掌握国内最新的手段和方法,对提高鉴定人的专业能力有很大的帮助。

2. 提高语言表达能力

在法庭质证阶段,我们需要让左右在场人员,尤其是案件双方涉当事人都能够听懂,都能够在鉴定人的讲解下弄清楚事情的来龙去脉。这就需要鉴定人除了具备复合型的专业知识以外,还具有简洁、通俗的语言表达能力。这就属于质证技能、质证技巧的训练,也需要参加相关的业务培训。如何去操作?可以选择案例教学法、模拟教学法等各种方法,让鉴定人在模拟中逐渐提高能力,在案例中逐渐理清思路。

质证能力的提高,就可以激励鉴定人以更加严谨的态度去完成鉴定意见,以更加专业的水平去参与法庭质证。

(五)对鉴定材料进行全面、科学的审查

司法会计鉴定意见是否真实可靠,一方面取决于鉴定人的专业能力,另一方面就取决于鉴定材料的真实性、可靠性。鉴定材料的真实性,是指委托

人所提供的财务会计资料是否是真实的、客观存在的，不是伪造的、变造的。鉴定材料的可靠性，是指委托人提供的财务会计资料是否完备，有没有遗漏下的对案情有重大影响的关键性资料。

鉴定材料的真实性，主要使用查账法进行审查，用到的是财务会计知识和原理。一般来说，我们可以采用以下三种方法：一是对财务会计资料的时间进行审查，例如是否提供的是被鉴定时间段的财务会计资料，是否使用其他时间段的财务会计资料进行替换等。二是对关键性数据资料进行审查，例如银行存款账户这类关键性的账户，就可以将其日记账中的发生额与银行流水进行比对。三是核对法，账表核对、账账核对、账实核对等。例如，对会计凭证中某账户的余额，与会计账簿中某账户的余额进行核对。

鉴定材料的可靠性，主要靠鉴定人的专业经验进行鉴别判断。一套完整的、客观真实的鉴定材料，才能鉴定出我们想要的结果。如果这套材料中间缺少了哪些重要资料或者是存在伪造的资料，我们的鉴定就有可能走入反方向，或者是最终出具了相反的鉴定意见。所以，鉴定时，要充分考虑鉴定材料的可靠性，这需要鉴定人具有相当高的专业能力，从众多的财务会计资料中发现问题，找到缺少的资料，找到存在舞弊的、造假的资料。

一旦发现鉴定材料存在问题，我们就需要采取相应的办法。一方面，与委托方（送检方）及时沟通，指出鉴定材料的问题所在，如果还可以补救的话，就建议送检方补充材料。这个补充材料的责任是送检方的，作为司法会计鉴定人是不能自行补充鉴定材料的。因为鉴定材料应由送检方提供，如果是鉴定人自己搜集、自己提供鉴定材料，就无法保证鉴定人的独立属性。另一方面，如果鉴定材料无法补救（伪造的，已无法区分哪些地方是伪造的，无法剔除伪造成分）的话，就需要针对现有的材料出具"无法出具鉴定意见"的鉴定意见，并说明全部理由。

（六）对鉴定程序的合法性进行全面审查

当鉴定材料的真实性、可靠性可以保证的前提下，鉴定程序的合法性就是下一步需要重点审查的环节。司法会计鉴定活动，应遵循诉讼活动的所有要求，如果中间的哪个环节未遵循诉讼活动的程序要求，最终出具的鉴定意见就会变成无效意见。司法会计鉴定活动，可分为受理鉴定业务、开展鉴定业务、出具鉴定意见三个流程，每个流程都应遵循应有的程序要求。受理鉴定业务阶段，就需要有完整的合同，委托鉴定方与鉴定人之间应针对被鉴定的业务签订委托鉴定合同。如果没有合同，鉴定人直接开展业务，就属于程序上的违规行为。开展鉴定业务阶段，在保证鉴定材料真实性、可靠性的前提下，程序方面就需要注意获取鉴定材料的手段是否合规合法，鉴定的过程有无监督、有无记录，鉴定所使用的手段、方法是否符合各项准则（会计准则、审计准则等）的要求等。出具鉴定意见阶段，要审查鉴定意见书在内容上是否有措辞不当、用语不规范的情况，审查签名、盖章、时间等是否合规合法等。

（七）完善专家辅助人在法庭上的协助质证制度

法庭质证环节，案件双方当事人，他们一般来说不具有司法会计相关知识背景，对司法会计鉴定意见很难提出专业的、与案件有关的、对自己有利的问题。于是，专家辅助人就成了法庭质证环节不可缺少的专家。专家辅助人，是由案件双方（质证环节的质证主体）自费聘请的，弥补了非专业人士参与法庭质证的质疑权。大家在专业知识水平相当的情况下，进行法庭质证，这才是法律公平、公正的体现。

因此，我们应积极推动专家辅助人参与法庭质证的制度的落实。同时，要对专家辅助人建立行业监管制度，定期培训，提高他们的专业能力、提升他们的思想道德品质，从能力和道德两方面保障专家辅助人行业的发展。

（八）完善法庭质证后司法会计鉴定意见的处理原则

司法会计鉴定人参与法庭质证后，结果分两种：一是当庭确认司法会计鉴定意见的合法性、合规性，确定该鉴定意见作为诉讼证据的证明力和证明能力。一般来说，这一结果是由法官根据质证的过程，当庭给出的决定，也表明鉴定任务已经结束了。二是当庭无法确认司法会计鉴定意见的证明力和证明能力，需要庭后再通过补充鉴定、充分审查等后续工作进一步确认。这一结果就表示鉴定过程还将继续，任务还未完成。

有专家学者[①]提出，不论法庭质证后的结果如何，司法会计鉴定人都应制作《法庭质证文书》，将法庭质证环节中的案件双方当事人提出的问题、鉴定人针对问题做出解答的内容，以及法官对质证过程的引导和评判等相关内容，都记录在文书中，留档保存，以备后续审查所用。笔者认为这确实是一个保存质证过程的一个好办法，通过制作《法庭质证文书》，鉴定人可以清晰理顺法庭质证的全部过程。如果发现存在尚需改进、完善的地方，也可以引以为戒，为未来的鉴定工作打下良好的基础。

第十二节　司法会计鉴定的专家辅助人制度

上一节中我们提到了法庭质证环节，案件双方当事人如果对会计、审计等相关专业知识不是特别了解，可以聘请"有专门知识的人"作为专家辅助人参与案件庭审过程。

理论界，通常用"专家辅助人"来表达，法律条文中通常用"有专门知识的人"来表达，其实二者表达的都是上述我们提到的对司法会计鉴定意见发表意见的这一类人。关于专家辅助人制度，在民法与刑法中的规定还是存在一定区别的。刑法中的专家辅助人，只是规定了针对鉴定意见提出意见[②]；而民法中的专家辅助人，既可以针对鉴定意见发表意见，也可以针

---

① 于朝：《司法会计概论》，中国检查出版社2014年版，第44页。
②《刑事诉讼法》第197条规定："公诉人、当事人和辩护人、诉讼代理人可以申请法庭通知有专门知识的人出庭，就鉴定人作出的鉴定意见提出意见。"

对案件中涉及的专门性问题进行说明①。这说明，民法中对专家辅助人的规定更加宽泛。

一、我国专家辅助人制度与英美法系专家证人制度的区别

英美法系国家普遍采用了专家证人制度，与我国的专家辅助人制度不但名字不同，内容上也存在较大的差异。

（一）法庭对抗性不同

专家证人制度中，专家证人在法庭上与司法会计鉴定人是对抗性的关系，在法庭上能够完全代表当事人去陈述自己的诉求，最大限度地体现当事人的意志。

专家辅助人制度中，专家辅助人在法庭上应保持中立，与司法会计鉴定人之间不是对抗性的关系，只是帮助当事人去了解鉴定意见中的内容。

（二）诉讼地位不同

专家证人制度中，专家证人与普通证人的诉讼地位相同，也需要经过双方律师的交叉问询，但是专家证人的报告具有证据效力。

专家辅助人制度中，专家辅助人是作为诉讼参与人参与到法庭庭审过程

---

① 2020年5月1日起实施的《最高人民法院关于民事诉讼证据的若干规定》第八十三条：当事人依照民事诉讼法第七十九条和《最高人民法院关于适用〈中华人民共和国民事诉讼法〉的解释》第一百二十二条的规定，申请有专门知识的人出庭的，申请书中应当载明有专门知识的人的基本情况和申请的目的。人民法院准许当事人申请的，应当通知双方当事人。第八十四条：审判人员可以对有专门知识的人进行询问。经法庭准许，当事人可以对有专门知识的人进行询问，当事人各自申请的有专门知识的人可以就案件中的有关问题进行对质。有专门知识的人不得参与对鉴定意见质证或者就专业问题发表意见之外的法庭审理活动。

中的,目的是帮助当事人理解鉴定意见中的内容,帮助当事人对鉴定意见提出专业质疑,但是专家辅助人发表的意见不具备证据效力,与案件的定罪量刑无关。

(三)法官的作用不同

专家证人制度中,由于专家证人与司法会计鉴定人会针对鉴定事项进行对抗性的活动,因此法官要做的只是保持中立、保持被动的态度即可,不需要积极主动地进行案件真相的查明。

专家辅助人制度中,法官仍然承担的是查明案件真相的重任,因此,不论是司法会计鉴定人还是专家辅助人都需对法庭保持诚信,保持中立。

二、司法会计鉴定专家辅助人制度存在的必要性

专家辅助人制度,是为了有效保障庭审过程中对司法会计鉴定意见的质证过程,将案件中涉及的会计、审计等专业内容以简洁、清晰的形式呈现给法庭上的所有人,让司法会计鉴定意见发挥最合理的而不是过分依赖性的作用。

(一)提高司法会计鉴定意见的效用

司法会计鉴定意见,经历了由最初的鉴定结论向现在的鉴定意见转变的过程,这个过程正说明了我国法律对鉴定意见的客观性和真实性的一个观念性的转变。这个意见本身并不是最终的结论,鉴定意见本身属于证据的一种,也像其他的证据一样,它的客观性、真实性需要在法庭上进行质证,即由案件双方当事人对鉴定意见的内容提出质疑,再由司法会计鉴定人进行释疑。这个过程,如果案件双方当事人对该专业知识并不了解,就只能针对鉴定意见的出具流程进行质疑,那显然失去了法庭质证过程的意义,也会丧失了鉴定意见的真实效用。因此,法律上才允许双方当事人聘请具有专门知识的人帮助他们实现法庭的质证环节。专家辅助人就是这类具有专门知识的人,他

们通常由来自于司法会计鉴定机构、会计师事务所或者法务会计领域的专业人士担任。他们在法庭上参与司法会计鉴定意见的质证过程，一方面能够监督司法会计鉴定人的鉴定流程和鉴定内容，另一方面可以有效维护当事人的利益，减少诉讼过程中的不公正性。

（二）维护诉讼过程中案件当事人的合法权益

诉讼过程中，案件双方当事人都具有质证权，这个质证不仅仅指对司法会计鉴定意见的质证，还包括对其他诉讼证据的质证。当事人的质证权，是法律赋予当事人的合法权利，是为保护诉讼案件的公平、公正而赋予的权利。但是，当事人及其诉讼代理人，往往受到专业的限制，无法看懂、了解司法会计鉴定意见中所指出的问题，更谈不上对其进行质疑。因此，法庭允许当事人及其诉讼代理人，聘请具有专门知识的专家辅助人参与到案件审理过程中，对司法会计鉴定意见的内容和程序进行质疑，这样就可以帮助当事人履行他们应有的质证权，有效维护当事人的合法权益。

三、我国司法会计鉴定专家辅助人制度存在的问题

（一）专家辅助人的专业能力认定标准不明

专家辅助人需要具备与司法会计鉴定人同等水平的专业知识和能力，但是这个专业知识和能力，以什么标准来进行衡量？即"有专门知识的人"中的专门知识如何理解？现有法律对这个问题并没有做出具体解释，实践中担任专家辅助人的人主要来自于司法会计鉴定机构、会计师事务所和法务会计专业人士，他们中确实有对法律、会计知识都非常熟悉的复合型人才，但也不乏一些专业知识并不精通，或者是只精通法律或者只精通会计的人才。因此，实践中我们会看到一些因为专家辅助人的能力问题导致的对案件事实认识不清，甚至出现误判的情况。

（二）专家辅助人的诉讼地位不十分明确

现有的各种法律条文中对专家辅助人的规定，基本都等同于对鉴定人的规定，对专家辅助人自身的规定并不具体，导致专家辅助人参与诉讼时的身份地位不十分明确。英美法系国家，将参与法庭的专家称为"专家证人"，那就是将专家看作是证人的角色。但是，我国专家辅助人肯定不是证人角色，因为专家辅助人是针对司法会计鉴定意见发表意见，而证人是针对案件事实情况提供证言，很显然司法会计鉴定意见不属于案件事实，因此专家辅助人也不应属于证人。

（三）专家辅助人的意见属性不明、效力不明

有的专家学者认可专家辅助人的意见的法律效力，他们认为，专家辅助人在法庭上发表的意见，与司法会计鉴定意见相同，都属于法定证据类型，但也都需要通过法庭质证取得应有的效力。有的专家学者认为专家辅助人的意见不具有法律效力，仅仅是对司法会计鉴定意见的一种主观意见。因此，专家辅助人的意见性质，尚存在较大的争议，也没有法律的明文规定，这也导致专家辅助人的意见在司法实践中的运用存在严重问题，也会直接妨碍当事人行使其诉讼权利[①]。

（四）专家辅助人的保障措施尚无规定

专家辅助人在法庭上发表意见，与司法会计鉴定人参与法庭质证过程是一样的，都是针对案件中涉及的专业问题发表意见，因此二者应该享有一样的保障措施。但是，《刑事诉讼法解释》中仅对鉴定人的人身安全规定了相应

---

① 2013年的《刑事诉讼法解释》第87条将专家辅助人意见视为检验报告，是定罪量刑的参考，甚至不是法定的证据，不具有证据的效力。2021年新《刑事诉讼法解释》将专家辅助人意见报告证据效力提高，可以作为证据使用，但是却没有明确是何种证据类型。2020年《民事诉讼法解释》将专家辅助人意见视为当事人陈述，虽然是法定证据效力，但证据效力还不够高。

的保护措施，但是却并没有提及专家辅助人的安全保障问题。同时，在《刑事诉讼法解释》中也并未提及专家辅助人参与法庭质证环节的权利，只规定了相应的义务，这样权利与义务不对等的规定，极大地影响了专家辅助人参与诉讼的积极性。

四、完善司法会计鉴定专家辅助人制度的建议

（一）统一专家辅助人的认定标准

笔者认为，我们在设定专家辅助人的认定标准的时候，可以分两步走，由基础条件的规定到形成最终的完整的考核标准。

现阶段，先对专家辅助人的资格、资历等基础条件进行规范，例如成立地方性的专家库，由行业组织进行自治管理，或者由司法部门牵头进行管理。专家库的成员，应来自与法律、会计等专业知识十分相关的行业、领域，包括会计师事务所、律师事务所、司法会计鉴定机构及高校、培训机构等领域。只有对专家辅助人的资格进行了规范，才可能增加专家辅助人的诉讼意见的可信度，也可以提高诉讼过程中专家辅助人发挥的作用。

逐渐地，随着专家辅助人制度越来越深入人心，为提高管理效率，我们可以仿照职称或者执业管理的思路，对司法会计师领域或者是法务会计领域进行职业化管理，设置职称评审渠道，或者设置执业的注册司法会计师考试（或者是执业的注册法务会计师考试）。通过职称或者是执业考试来规范司法会计领域的专家，这个办法不仅仅是为专家辅助人设置标准，也是为整个司法会计领域来筛选人才。

（二）从法律上规定专家辅助人的诉讼身份

专家辅助人在法庭上是接受当事人的委托对司法会计鉴定意见发表意见，所以很多人会认为专家辅助人是类似于律师一样的诉讼身份。笔者不认同这

个观点，虽然专家辅助人是接受当事人委托参与到法庭质证环节的，但专家辅助人是使用自己的专业知识对司法会计鉴定意见发表专业意见的，这个专业意见是不具有倾向性的，是具有独立性的意见。因此，笔者认为，专家辅助人是具有独立性的，是持有中立立场的，他的意见并不是为了维护当事人的利益，而是在陈述基本事实，是客观的。所以，专家辅助人的身份是在帮助法庭的审判过程更加公正，是对法庭调查过程公正性的一个促进。笔者建议，在法律上规定专家辅助人的独立诉讼身份，只有独立性才能保证专家辅助人在法庭上发挥最大的效用。

但是，司法实践中，专家辅助人是接受当事人的委托参与到法庭中的，也是当事人支付给专家辅助人费用，因此导致专家辅助人不可避免地会带有一定的倾向性，这也违背了专家辅助人的工作本质。因此，笔者建议对专家辅助人的工作实施监管，并在专家库中设置考核标准，对其意见的客观性进行审查，以此来制约专家辅助人，同时也维护专家辅助人独立参与诉讼的身份。

（三）确定专家辅助人诉讼意见的法律效力

专家辅助人参与法庭质证环节，是为了对司法会计鉴定意见发表专业意见的，这个意见可能是对鉴定意见的质疑，也可能是对鉴定意见的解释说明（向法官解释、向对方当事人解释等）。但是，如果专家辅助人的诉讼意见不如司法会计鉴定意见的法律效力高，岂不是违背了法庭允许专家辅助人参与质证环节的本意。所以，笔者认为在这个问题上，应由立法确认专家辅助人的诉讼意见具有与鉴定意见同等的法律效力，即都属于证据类型的一种，都需要经过质证，如果质证通过即可作为诉讼证据使用，否则就不可以使用。放到司法会计鉴定这类案件中，就是说如果专家辅助人的诉讼意见与鉴定意见一致，那就按照鉴定意见作为主要证据；如果专家辅助人的诉讼意见与鉴定意见不一致，可以重新鉴定，或者是进一步进行质证，直至确定出二者之间哪一个更加科学、客观，最终就选取哪一个作为主要证据。

(四) 明确专家辅助人应有的权利和义务

从立法上充分考虑专家辅助人应享有的权利，让其权利与义务形成对等的关系，以此来激励专家辅助人的发展。例如，我们可以参考对司法会计鉴定人的相关规定，同样规定如何保护专家辅助人的人身安全，使专家辅助人能够更全身心地投入到这项工作中，为法庭提供更专业的诉讼意见。

同时，对专家辅助人的法律责任也应有相关的规定。例如，如果专家辅助人存在与当事人串通，或者与司法会计鉴定人串通，向法庭提供虚假的、不尊重事实的诉讼意见，导致司法出现不公正情况，产生严重后果的话，应对其如何处理。可以从立法的角度，对其应承担的法律责任进行详尽的规定，从民事责任到刑事责任，对专家辅助人起到一定的警示作用。

第四章 司法会计对策

在司法会计实务中,诉讼主体遇到什么样的情况应采取什么样的司法会计思路和方法,来解决案件事实的调查、取证问题,这个思路和方法就是司法会计对策。我们只有提前对司法会计对策进行分析、总结,才能够在遇到问题时及时找到思路和方法。

司法会计对策在不同的诉讼流程中是有区别的,本章只针对刑事诉讼活动中的司法会计对策进行分析探讨。

第一节 刑事诉讼中司法会计活动的主要任务

一、侦查机关主持司法会计活动

侦查机关在侦查活动中,根据案情所涉及的具体内容,确定是否有需要指派或聘请司法会计鉴定人参与解决专门性问题。司法会计鉴定人出具司法会计鉴定意见之后，侦查机关经过审查后认为可以作为诉讼证据使用时，需要告知犯罪嫌疑人、被害人。司法会计鉴定人在鉴定过程中使用的检材，是由侦查机关提供的，因此侦查机关应对检材的完整性、真实性负责。若司法会计鉴定人鉴定过程中发现检材存在问题，可以提请侦查机关对检材进行补充。

二、查明犯罪构成要件

涉及司法会计活动的主要是经济犯罪案件。在经济犯罪案件中，司法会计人员的主要任务就是查明犯罪构成要件，即犯罪主体、犯罪主观方面、犯罪客体、犯罪客观方面。

（一）犯罪主体

经济犯罪的犯罪主体，主要通过查找带有签名、印章、指纹等痕迹的财务会计资料，来确认资金的流向和经济利益的归属人。获取了经济利益的人才是犯罪主体。

（二）犯罪主观方面

经济犯罪的犯罪主观方面，绝大多数表现为故意，极少数特殊情况表现为过失。这种故意、过失的心态表现在财务会计资料中就产生了"错误"，司法会计活动主要判断这种"错误"产生的动机。

（三）犯罪客体

经济犯罪的犯罪客体，通常是受刑法保护的某种市场经济制度以及相关人员的经济利益。司法会计活动主要用于查找相关人员的经济利益受损的金额和程度，用以判断犯罪客体的事实。

(四) 犯罪客观方面

经济犯罪的犯罪客观方面,是司法会计活动需要证明的最主要的一点。对经济犯罪客观方面的司法会计对策,应主要考虑涉案财务会计错误问题,收集、整理能够证明财务会计错误的证据,就是司法会计活动最主要的任务。

第二节 刑事诉讼各阶段司法会计对策分析

一、立案阶段司法会计对策分析

刑事案件的来源有很多种,根据公安机关获取案件材料的不同可分为:报案人、控告人、举报人、自首人等提供材料;上级主管部门指定审查案件附带材料;同级行政机关移送案件附带材料;公安机关日常巡查主动发现案件的材料等。本节以举报人带着案件材料举报犯罪嫌疑人的情况进行详细说明。

立案阶段司法会计活动具有及时性、保密性、相对性的特点。

一是及时性。立案阶段,司法会计活动必须要迅速完成。在许多经济案件中,时间是最为紧要的,如果因为破案速度缓慢导致犯罪嫌疑人逃逸、赃款无法追回等现象,会给受害人甚至整个社会的经济安全带来巨大的隐患,也可能带来想象不到的治安维稳压力。

二是保密性。立案阶段,要对案情采取严格的保密措施。一方面,如果案情泄露出去,可能给侦查工作带来巨大的阻力。例如个别经济案件都涉及地方保护主义的影响,或者是存在各种保护伞背景,案情的泄露都可能会影响到案件后续的进展,也可能会出现犯罪嫌疑人毁灭证据、串供、逃匿等现象的发生。另一方面,如果举报人的举报并不属实,那案情的泄露可能会对被举报人带来巨大的不利影响。例如在违规披露、不披露重要信息犯罪案件中,如果举报人的举报并不属实,但是案情又被泄露出去了,对上市公司的影响就可能是巨大的。有可能股市发生巨大震荡，有可能市值一夜之间蒸发上百亿，不但上市公司要承受这个损失，那些中小股民的损失也是不可估量的，最终还会给整个国家的金融安全和经济稳定带来不利的影响。

三是相对性。立案阶段，对证据的要求并不是滴水不漏的。按照《刑事诉讼法》的要求[①]，立案的三大要素中对证据是规定"有证据证明有犯罪事实"即可，并不需要收集、组建完整的证据链条。下一步，进入到案件侦查阶段再进行详细审查即可。

下面我们针对立案阶段司法会计活动的特点探讨下该阶段的司法会计对策。

（一）核实举报线索

经济犯罪案件的举报人所提供的案件材料，通常都是司法会计资料。因此接下来核实举报线索的过程，就是司法会计活动的过程。核实举报线索时，也要同时注意发现新的线索，尤其是能够最终破获案件的关键线索。具体操作时，注意以下几点：

一是有罪证据与无罪证据并重。在核实举报线索时，应将线索进行分类，有的线索可以证明被举报人有罪，有的线索可以证明被举报人无罪。两类证据同时进行核实、整理，不要排除、遗漏那些无罪证据，也许在后续的侦查阶段、庭审阶段都是有价值的信息。

二是随机应变，适时转变侦查思路。在核实举报线索时，很可能会遇到调查的阻力，这个阻力可能来自被举报人一方，也可能来自真正的犯罪嫌疑人（有时被举报人不一定是真正的犯罪嫌疑人，也许存在幕后指使者）。如果遇到无法跨越过去的调查阻力，为使司法会计活动能够顺利进行下去，就可以转变侦查思路，先以发现新的案件线索为主，也许新的案件线索的证明力更强一些。

[①]《刑事诉讼法》116条：公安机关经过侦查，对有证据证明有犯罪事实的案件，应当进行预审，对收集、调取的证据材料予以核实。

三是及时决定是否需要进行司法会计鉴定。一般情况下，司法会计鉴定都是出现在侦查阶段、审判阶段，但是如果在立案阶段已经发现了需要及时鉴定的事项，就应及时决定，以免影响到后续阶段的司法会计活动。例如，在一起职务侵占犯罪案件中，举报人举报出纳员侵占公司财物，就需要及时提请司法会计鉴定，针对公司财物是否被侵占的犯罪事实进行鉴定。如果在立案阶段未及时进行司法会计鉴定，可能出现到了庭审阶段才发现公司财物并未被侵占，该案就无法继续诉讼下去了。所以，在需要及时鉴定的事项出现时，一定要及时决定，以免贻误战机。

（二）核实犯罪嫌疑人

举报人进行举报时，可能已经确定了被举报人具体是谁，也可能只是明确了犯罪事实，但并不确定具体犯罪嫌疑人是谁。当犯罪嫌疑人尚不确定时，我们根据举报人的举报材料，再通过进一步发现新的线索，来核实真正的犯罪嫌疑人。

一是通过财务会计资料中的痕迹核实犯罪嫌疑人。财务会计资料中都会保留着相关人员的字迹、指纹等，通过笔迹鉴定、指纹对比等方式，可以确认具体人员。

二是通过财务会计资料中的一个个相互连接的流程信息核实犯罪嫌疑人。有些经济犯罪案件中，往往通过一个个相互连接的流程组成了一个完整的财务过程，这个过程中涉及的资料可推断出中间哪个环节是存在问题的环节，对该环节进行重点审查可发现蛛丝马迹。例如在存货丢失的案件中，存货从入库、出库、运输、领用等环节都有相应的财务会计资料，无论是仓库保管员、车间分管员还是会计记账员，全都有可能熟悉这个过程中的环节，对此进行重点审查就有机会核实出真正的犯罪嫌疑人。

（三）核实犯罪嫌疑人的作案时间

通过对财务会计资料中与有嫌疑的会计资料处于同时间的会计资料进行比对，可以发现哪些人员在同一时间有可能接触到这些资料，或者是可以发现哪些人员在同一时间可能处于犯罪现场（涉及款物丢失、被侵占等案件）。或者是，通过对犯罪嫌疑人在作案前后一段时间内的所有经办业务进行核实，可以发现犯罪嫌疑人是否有作案时间。

（四）追踪犯罪嫌疑人

一般来说，经济犯罪案件的嫌疑人都是高智商人才，对他们的追踪要采取一些非常手段。追踪犯罪嫌疑人除了一般的侦查措施，如布控、跟踪等，还可以申请网安、技侦的侦查人员采取相应的手段协助追踪。例如，网安的侦查人员可对嫌疑人的聊天记录产生的地点进行追踪，技侦的侦查人员可实施手机 GPS 的追踪布控。

二、侦查阶段司法会计对策分析

经过了立案阶段的司法会计活动之后，在侦查阶段再采取的司法会计活动就是围绕着更进一步的任务展开。

（一）根据侦查过程的各种新发现补充财务会计资料证据

侦查阶段，侦查人员发现已取得的财务会计资料存在遗漏或者内容不完整的地方，可以通过司法会计活动补充证据；侦查人员发现已取得的财务会计资料的程序存在瑕疵，可能在诉讼过程中受到质疑而影响证据的证明力，可以通过司法会计活动重新取证；侦查人员针对犯罪嫌疑人或者是证人提供的财务会计资料的真实性进行查明，以备讯问时使用；讯问时犯罪嫌疑人对某项财务会计资料的真实性提出质疑时，侦查人员可以通过司法会计活动重新核实，以免影响到庭审时的证据效力。

（二）根据犯罪嫌疑人的供述补充财务会计资料证据

当犯罪嫌疑人供述的资料侦查人员已经掌握时，侦查人员可以对这些财务会计资料提前进行质证①，通过质证如发现财务会计资料存在不完整或者取证流程不完备的情况时，可以重新通过司法会计活动进行补充。

当犯罪嫌疑人供述的资料侦查人员尚未掌握时，侦查人员可通过犯罪嫌疑人供述的情况进行补充取证，收集能够证明犯罪嫌疑人供述所涉及的财务事实和会计事实的具体资料。

当犯罪嫌疑人对犯罪事实进行否定式的供述时，侦查人员在讯问时可先抛出一小部分已掌握的财务会计资料证据，使犯罪嫌疑人产生惧怕情绪而主动供认犯罪事实。如果犯罪嫌疑人看到这部分财务会计资料证据仍然拒不供认，侦查人员可采取两种方式解决，一是重新检查财务会计资料证据，找出能够直接证明犯罪事实的关键性证据；二是重新核实犯罪嫌疑人，看是否错判了犯罪嫌疑人的作案动机、作案手段，以免造成冤假错案。

当犯罪嫌疑人对犯罪事实供认不讳，却无法详细描述犯罪经过时，侦查人员可采取选择性提示的方式帮助犯罪嫌疑人进行回忆。例如帮助犯罪嫌疑人回忆是采取转账结算方式，还是现金结算方式，这种讯问方式就属于选择性提示的方式，注意千万不要诱导犯罪嫌疑人，以免在法庭上被犯罪嫌疑人举报有诱供嫌疑。

（三）根据证人证言补充财务会计资料证据

当证人证言是侦查人员尚未掌握的财务会计资料时，可以通过司法会计活动重新获取证据。

当证人证言与其他证据之间存在矛盾时，可以通过司法会计活动重新查清具体情况。

当证人可能也参与到案件中，所以对涉及自己与案件事实有关的情况就隐藏起来的情况，可以通过司法会计活动进行补充取证。

---

① 质证，本来是在庭审阶段进行的活动。提前进行质证，是指在侦查阶段通过讯问的方式对财务会计资料证据或者是鉴定意见进行认可性的核实。

（四）通过司法会计活动查找其他犯罪事实

侦查阶段，由于办案时间相对较多，再加上财务会计资料自身的特点，决定了这个阶段极易发现其他犯罪事实。

通过司法会计活动发现会计记账错误问题，有可能涉及其他犯罪事实。例如，在检查会计凭证时，发现报销管理费用的一张记账凭证未附原始凭证，可能存在贪污、侵占公司财物的犯罪事实。这时，可以先进行简单的取证分析，如针对与该管理费用记账凭证相关的银行存款或者现金支出凭证进行审查，进而确认资金的去向。如果发现确实存在问题，就可以归类为其他犯罪事实，另案侦查或者并案侦查。

（五）通过司法会计活动对无罪证据进行确认或排除

侦查阶段，侦查人员需对财务会计资料证据和司法会计鉴定意见进行认真分析，对其中表现犯罪嫌疑人无罪的证据，应该通过进一步的财务会计活动进行确认或排除。

财务会计资料证据和司法会计鉴定意见，可能从以下三个角度证明犯罪嫌疑人无罪：一是能够证明犯罪嫌疑人与该经济犯罪案件涉及的财务事实和会计事实无关；二是能证明犯罪嫌疑人的时间与案件发生的时间并不吻合，没有重合的时间；三是能证明犯罪嫌疑人不具备作案的动机或者是没有形成犯罪结果。

因此，对无罪证据的确认或排除，要更多关注细节。例如，会计电算化资料中显示的记账凭证的记账时间，与犯罪嫌疑人供述中提到的时间不吻合，侦查人员如果想当然地对记账凭证的时间深信不疑，而忽视了进一步采取司法会计活动进行确认的话，可能会影响到最终的结果。因为，在会计实践中，很多会计人员进行记账时并不一定按照记账当时的时间进行记录，可能会依据原始凭证发生的时间进行记录；还有可能出现的情况是，会计人员记账时电脑所记录下来的时间是错误的（电脑内置的时间有误），最后就导致记账时间出现了误差。此外，无论是财务会计资料反映的是有罪还是无罪，一旦存有疑问，都应该采取积极的司法会计活动进行确认或排除。

三、审判阶段司法会计对策分析

经过了立案阶段、侦查阶段，最终案件走入审判阶段后，侦查人员的主要任务就是对庭审过程中发现的证据缺失等问题，通过司法会计活动进行补充取证。

（一）明显缺证问题

庭审时，发现财务会计资料证据存在明显缺证的情形时，需进行补充取证。例如，已获取的财务会计资料证据是一张银行承兑汇票，但侦查人员提交的只是这张银行承兑汇票本身，并没有提取背书[①]证明，由于背书本身会对票据效用产生较大的影响，所以这属于收集证据缺证的情况，必须补充取证。

（二）证据记录不完整

庭审时，发现财务会计资料证据中记载的关键性文字存在不清晰，或者数字存在模糊的情况，需进行补充取证。例如，已获取的会计资料中的会计账页，因受到水浸，数字已经模糊不清，而影响到了证据的证明力，必须补充取证。

（三）证据收集程序问题

司法会计鉴定人受侦查人员的聘请对案件中涉及的财务事实和会计事实进行司法会计鉴定，他们所使用的检材应由侦查人员提供。若鉴定过程中发

---

① 银行承兑汇票背书转让，是指以转让票据权利为目的的背书行为。《票据法》规定，持票人将票据权利转让给他人，应当背书并交付票据。所以，当持票人为了转让票据权利，而在票据背面或者粘单上记载有关事项并签章，就是在进行背书转让。背书转让一经成立，即发生法律效力，产生票据权利移转的效力、票据权利的证明效力和票据责任的担保效力等背书效力。

现检材存在不完整的情况，可向侦查人员提出由其对检材进行补充提供。如果庭审时，发现司法会计鉴定意见中所引用的检材有未经过法庭程序收集而来的，就属于证据收集程序问题，必须补充收集。

（四）法庭质证环节问题

司法会计鉴定人在庭审时需要参加法庭质证环节，若双方当事人对鉴定意见的内容提出质疑，鉴定人需根据自己的鉴定过程和专业知识为其释疑；若双方当事人或法官对鉴定意见的真实性提出质疑，可以安排补充鉴定或者重新鉴定。

第三节 司法会计在经济犯罪侦查中的对策分析

经济越发展，经济领域犯罪就会越来越多，越来越复杂。经济犯罪案件，虽然同属于刑事案件，但是其侦查思路、侦查方法与刑事案件有很大的不同。本节，我们就从经济犯罪案件的特点出发，分析司法会计在经济犯罪侦查中的作用、手段、存在的问题以及解决的策略。

一、司法会计在经济犯罪侦查中的作用

经济犯罪案件与一般的刑事案件不同，它通常都属于高智商犯罪，犯罪手段"日新月异"，犯罪领域越来越广泛。因此，侦查经济犯罪案件，对侦查人员的专业能力要求非常高，这也是经侦民警在公安系统中被称为"白领警察"的原因。但是，侦查人员有时受到专业能力的限制，不一定能够了解到全部的经侦领域的专业知识，这时指派或聘请具有专门知识的司法会计人员参与到经济犯罪案件的侦查过程中，帮助侦查人员发现线索、获取证据，甚至是未来在法庭上参与质证等，这些都是非常必要的。

(一) 专业知识上的帮助

经济犯罪案件中的犯罪嫌疑人通常都是高学历、高智商"人才",侦查人员需要具备更完备的专业知识结构才能够发现嫌疑人的犯罪手段、搜集犯罪证据。例如经济犯罪中犯罪手段最为复杂的欺诈发行股票、债券罪、挪用资金罪等,犯罪嫌疑人利用自己的会计、审计方面的专业知识,在财务会计资料中进行舞弊操作,一般的侦查人员是很难凭借自己的知识、能力去发现线索、搜集证据的。像这类的案件,就特别需要司法会计人员的加入,或者是在公安系统内部培养司法会计复合型人才,例如公安院校毕业的经侦专业学生,他们就是具备了经济犯罪侦查和司法会计两方面能力的复合型人才。有了更高水平的复合型人才的加入,针对这类经济犯罪案件就会有更准确的侦查思路,会起到事半功倍的效用。

(二) 案件定性上的帮助

经济犯罪案件牵扯的领域太广泛,而且经常与一般违法行为交织在一起,导致案件定性会非常困难。当前的经济犯罪领域已经从原来的商贸、金融、涉税三大传统领域的犯罪,扩展到了扰乱市场秩序犯罪、妨害公司企业管理秩序犯罪、侵犯知识产权犯罪、证券领域犯罪、涉众领域犯罪、涉税领域犯罪、走私领域犯罪等众多领域的犯罪。犯罪领域不但进行了细分,也增加了很多原来没有的领域和犯罪形式,每个领域的犯罪手段和犯罪形式又是五花八门的,这给案件定性带来了不小的麻烦。同时,经济领域中的犯罪行为,和经济领域中的一般违法行为,经常交织在一起,他们的行为手段是一样的,对其进行区分也是非常不容易的,而绝大多数区分的情况都是要在涉案金额上进行详细计算。所以,经济犯罪案件的定性问题,历来都是非常复杂的,需要专业人士对案件的犯罪手段、涉案金额进行详细的分析、判断、计算。

(三) 证据搜集上的帮助

经济犯罪案件的取证过程非常复杂,大部分证据都涉及了财务会计资料、银行流水、资金流向等,专业性较强。经济犯罪案件的证据,尤其是书证，都是特别复杂的，需要侦查人员对案件中的财务会计资料有一定的梳理、分析能力，要获取对案件有价值的书证，剔除对案件无价值的资料。同时，侦查人员获取的财务会计资料还需要司法会计鉴定才能作为证据使用，这一步也离不开司法会计人员的参与。庭审过程中，司法会计人员还需要针对自己出具的鉴定意见在法庭上进行解释说明。因此，经济犯罪案件的取证过程、庭审过程，都需要司法会计人员的参与，这是由经济犯罪案件的特点决定的。

（四）追赃挽损上的帮助

经济犯罪案件的侦查过程，一方面需要找寻线索、搜集证据、抓捕嫌疑人，另一方面也是更为重要的一点，那就是追赃挽损。我们需要通过案件的线索，分析账户的特点，查找资金的流向，以此找出资金的最终"归宿"。只有查找到了资金的最终"归宿"，才能够为受害人挽回损失，这才是经济犯罪案件办理的最终目的。也就是说，办理经济犯罪案件，打击犯罪嫌疑人、打击犯罪行为，都是为了保护受害人，为受害人挽回经济损失服务的。而查找资金流向，根据账户分析资金的"归宿"，这些过程都需要司法会计人员的参与。司法会计人员通过企业的财务会计资料、银行的交易流水资料等，运用司法会计检查技术，就可以分析出我们想要的结果。

综上，我们可以看出，经济犯罪案件自身的特点决定了它的专业性非常强，涉及的领域也非常广泛，一般的侦查人员受专业能力的限制可能无法在定性、取证方面解决专业问题。因此，司法会计人员参与经济犯罪案件的整个侦查、审判过程，是非常必要的。

二、司法会计在经济犯罪侦查中的应用手段

在办理具体经济犯罪案件时，司法会计检查技术、司法会计鉴定技术可以贯穿整个案件侦破的全过程，在发现案件线索、设计侦查思路、固定犯罪

证据、计量涉案金额等方面，司法会计都可以发挥巨大的积极作用。因此，本小节就按照经济犯罪案件侦办过程中的不同阶段，来总结下司法会计在经济犯罪侦查中的应用手段。

（一）发现案件线索

在经济犯罪案件中，有一个被称为是"DNA"的东西，那就是资金。大部分的经济犯罪案件都与资金有关，因此我们要想发现经济犯罪案件的线索，也应从资金的角度出发。现在，公安部经侦局、大部分省市的经侦总队都构建了与银行之间的数据通道，我们查询资金的有关情况，包括账户开设情况、账户交易情况等都变得非常方便了。同时，通过这些数据通道，我们也可以实现更为方便的冻结、止付等功能。但是，获取到的与资金有关的数据，如何进行整理与使用，就成为现阶段办理经济犯罪案件的难点。

对数据进行整理，从中发现案件线索，需要懂得这些数据的专业人员的加入。每一类经济犯罪案件的数据特点都各不相同，我们需要根据不同类别的案件构建不同的数据清洗模型。那如何对案件的数据特点进行总结呢？这就需要司法会计人员运用其专业的检查技术来进行设计，我们以传销犯罪案件为例进行说明。传销犯罪案件涉及的账户很多，大体上分以下三类：

一是收款账户。该类账户的特征是进账笔数较多，但金额数目较小，同时其出账笔数较少，而金额数目较大。并且该类账户收取的金额数目一定，和收取时间具有固定性。这是什么意思？就是说一个参与到传销组织的人，会通过这一类账户往传销组织里缴纳入会费。入会费的金额都是一样的，所以这类账户入账的金额小且金额相同。另外，这一账户收够了一定金额的入会费，或者是收了一段时间的入会费之后，就会向传销组织的中间过渡账户进行转账，转账的目的是为了将收取的资金通过层层转账而最终转移到主要犯罪嫌疑人实际控制的账户中。因此，转出时的金额较大，且笔数较少。

二是过渡账户。一般来说，收取的入会费不会马上转移到传销组织的核心账户，而是需要在大量的过渡账户中进行转移。该类账户的特征是进账笔数较少，交易金额较大，且资金在账户中停留时间短。这是什么意思？犯罪嫌疑人从反侦查角度出发，会在大量的中间过渡账户中进行资金的转移，但是最终这些资金会流入到主要犯罪嫌疑人实际控制的账户中，所以这类账户内资金停留时间很短，只是起到一个过渡作用。

三是资金池账户。该类账户是传销组织的核心账户，通过该类账户就可以掌握最终的资金流向、实际控制人的情况。该类账户的特征是多个账户资金流入且有大量资金沉淀。这是什么意思？许多从中间过渡账户转过来的资金，在这类账户中沉淀下来，就说明这有可能是主要犯罪嫌疑人实际控制的账户，这就是我们追踪资金后可以查找到犯罪嫌疑人的重要线索。

司法会计人员和侦查人员，对以上账户的特点进行分析汇总之后，就可以设置数据清洗的模型，即将数据梳理的过程采用公式的方式内嵌到一个数据清洗软件中，软件就可以代替人工来完成整个的清洗过程。清洗之后，我们就可以直接看到最终的账户分类结果，这样就节省了大量的人力。这一步构建模型的过程，既可以由司法会计人员、侦查人员自己来做，也可以由软件开发人员来进行操作。但是，最为方便和稳妥的办法，就是侦查人员自己就能够具备这方面的专业能力。所以，信息化时代，对经侦民警的要求变得越来越高了。

（二）设计侦查思路

通过上一步，我们已经发现了经济犯罪案件的线索，下一步就需要根据线索去设计侦查思路。司法会计人员在这一步可以发挥自己在会计、审计方面的专业能力，制定专业的侦查思路。

例如，在骗取出口退税这类经济犯罪案件中，司法会计人员就可以根据财务会计资料中涉及的有关账户，设计侦查思路。为了调取某单位某年度的增值税专用发票数据，司法会计人员可以采用计算机辅助检查的司法会计检查方法，对发票数据中具有"销项"关键词的数据进行筛选、排序。为了侦查某单位资金在正常的出口结汇后，是否流入了地下钱庄账户，司法会计人员就可以采用审阅法对某单位的资金流数据进行分析，或者设置

"借""贷""结汇"等关键词进行筛选，通过这样的方式发现哪些账户之间交易特别频繁或者是有反复地大额交易的情况。为了计算某单位纳税金额是否准确，司法会计人员就可以借助于财务会计资料中的"应交增值税"账户中的各明细账户之间的关系，采用统计分析的方法进行计算、总结。

总之，司法会计人员针对经济犯罪案件中涉及的财务会计资料，可以采用各种司法会计检查的方法，根据方法的不同设计不同的侦查思路，以此来提高经济犯罪案件的侦破效率。

（三）固定犯罪证据

固定犯罪证据，应采用"取证型司法会计检查程序"，这一程序的具体内容在第二章中已经详细说明了，本章不再赘述。

这一步的主要内容就包括对经济犯罪案件中涉及的财务会计资料证据进行固定。例如，依法查封扣押纸质资料，对电子数据通过技术部门依法获取，该备份的进行备份，该录像的过程进行录像。将涉案的纸质资料和电子数据全部固定好，司法会计人员就完成了这一步检查程序。

（四）计量涉案金额

经济犯罪案件的涉案金额，有的计算比较简单，侦查人员自己就可以计算清楚；有的计算就比较复杂，需要司法会计人员利用专业知识进行非常精确的计算。例如，计算传销犯罪的涉案金额，就比较简单，将每一个传销参与人员的入会费、从传销组织获取的奖金两部分资金都明确计算好，就构成了整个传销案件的涉案金额。再如，计算非法经营类案件的涉案金额，就比较复杂，尤其是非法经营证券、期货类案件，计算时需要对财务会计资料信息进行深入分析，最终才能够将金额理顺清楚，这时就特别需要司法会计人员的参与。

综上，我们在办理具体经济犯罪案件时，司法会计检查技术、司法会计鉴定技术可以贯穿整个案件侦破的全过程中。因此，能够充分认识到司法会计的作用，就可以提高经济犯罪案件的侦破效率。

三、司法会计在经济犯罪侦查应用中存在的问题

经济犯罪的特点，决定了它特别需要司法会计人员参与其侦查过程。但是，在经侦实践中，司法会计人员却很少参与到经济犯罪侦查过程中，即使有参与其中的，也存在着不少的问题。

（一）侦查人员认识不足

近几年来，随着经济犯罪手段地不断翻新，司法会计人员参与到经济犯罪案件侦查过程中的情况已经越来越多了。但是即使是这样，侦查人员对司法会计人员所使用的的技术手段、所能够解决的专业问题仍然不是十分了解。几乎所有的侦查人员都认为司法会计人员所使用的的方法还是类似于审计方法的，他们也基本上将司法会计人员出具的检查报告、鉴定意见当成审计报告来看。当然，这其中不乏有些水平较弱的司法会计人员受专业能力的限制，在检查报告、鉴定意见中出具了并不专业的报告和意见，但是总体上来说还是属于侦查人员对司法会计人员的认识不足导致了这种情况的发生。由此可以看出，公安机关内部，甚至是整个司法机关内部缺少对侦查人员的培训课程，如何提高侦查人员对司法会计专业性的认识是下一步需要重点解决的难题。

（二）信息手段应用不足

信息化时代，连犯罪嫌疑人的作案手段都已经更新换代了，我们的侦查手段肯定也要能够跟上信息化时代的要求才能够在侦查过程中无往而不利。但是，从目前司法会计人员所使用的的检查方法、鉴定方法来看，他们还远远没有跟上信息化时代的要求。现在，绝大多数司法会计人员还是通过传统的财务会计资料检查的方法进行检查，即使是检查会计电算化资料，也最多是在 EXCEL 这样的办公软件中进行简单的计算（几乎没有使用 EXCEL 自带的公式等高级功能进行计算的），而很少有司法会计人员会自己构建模型，使用专业的数据清洗软件。司法会计人员这种低信息化的工作方式，不但会影

响工作效率，还有可能影响到最终的侦查结果。因此，如何提高司法会计人员信息化手段的应用，如何对他们进行相应的培训，是未来需要重点解决的难题。

（三）协调机制尚不健全

经济犯罪案件的侦办过程，受到案件手段、案件复杂性的影响，单靠经侦民警自身的力量是很难破获的，它通常需要协调各个部门、各个警钟，只有大家通力合作，才有可能在最短的时间内侦破案件，减少受害人的损失，降低国家的损失。但是在经侦实践中，一般只有大型案件，才有可能抽调、协调各部门、各警种，这种协调并没有形成机制，也没有统一的启动的标准，这就使得一些小型案件、普通案件在侦办过程中受到协调机制的影响，而无法达到最佳的效果。因此，现在公安系统需要统筹安排，建立一个完善的协调机制，这样才能较为方便地联系司法会计人员、数据技术人员（计算机专业人员，负责构建模型、解决建模和数据清洗问题）、技侦民警、网侦民警等。

（四）技术标准尚未统一

司法会计在我国迅速发展的近三十年时间里，取得了不小的进步，在理论构建、实践检验等方面都形成了比较丰富的研究成果。但是，国内现在在司法会计领域尚没有一个统一的标准，也就是说大部分司法会计人员进行检查、鉴定时更多的是参考会计准则、审计准则和其他行业的司法鉴定标准，这些准则和标准并不是针对司法会计行业所做出的，所以司法会计人员在工作时也只是对这些准则和标准进行参考。这就导致现阶段我国的司法会计行业会出现不同的司法会计人员对同一个检查或者是鉴定业务出具的检查报告、鉴定意见是不一致的，甚至有可能出现截然相反的情况。这是现阶段我国司法会计行业急需解决的难题，只有统一了工作标准，才能够让侦查人员放心地去使用司法会计检查报告、鉴定意见，才能够提高经济犯罪案件的侦破效率。

（五）专业人才相对缺乏

目前，国内具有司法会计复合型知识的专业人才还是非常少的，但我们对司法会计人才的需求量却是非常大的，这种供求失衡的关系也制约着经济犯罪案件的侦破效率。专业人才缺乏的另一个原因是，目前大量的司法会计人才的知识结构还不是完全符合要求的，他们中有很多是来自于会计师事务所或者是律师事务所等中介机构的，原来的专业知识是比较单一的，现在临时充当司法会计人才就会出现知识结构不符合复合型人才要求的现象。因此，我们现在急需解决的是培养真正的司法会计复合型人才，或者是针对现有的人才进行专业培训，使得他们成为真正地具备法律、会计两方面专业知识的人才。通过司法会计专业人才的培养，来提高经济犯罪案件的侦破效率，是任重而道远的。

四、司法会计在经济犯罪侦查应用中的建议

（一）提高侦查人员对司法会计的认识

公安机关内部可采取一些培训或者讲座的形式，来提高侦查人员对司法会计的认识。侦查人员需要认识到司法会计检查、司法会计鉴定是与审计不同的过程，所形成的检查报告、鉴定意见也与审计报告有较大的差异。侦查人员也需要系统地了解司法会计人员参与侦查过程中所使用的方法、技术，所能起到的作用等，只有充分了解之后，才能够在侦办经济犯罪案件时与司法会计人员通力合作，提高案件的侦破效率。

（二）提高侦查人员、司法会计人员运用信息化手段的能力

大数据背景下，传统的侦查手段、传统的财务会计资料检查手段很难适应海量数据的分析、处理工作。为紧跟信息化时代的发展步伐，不论是公安经侦民警，还是司法会计人员，都需要在自己的工作领域提高信息化手段的应用能力。例如，在海量银行流水数据的分析处理时，我们需要的是构建一个与该类

经济犯罪案件数据特点相匹配的模型,将海量数据导入到模型中,在模型中进行数据的清洗,最后挖掘出我们最终需要获取的案件证据资料。这样的信息化手段,目前在经侦办案的过程中已经逐渐地进行应用了,但是在司法会计人员中应用还不是特别广泛。下一步,无论是侦查人员还是司法会计人员都需要注意提高自己对信息化手段的运用能力,以此提高经侦案件的侦破效率。

(三)构建各部门、各警种之间的协调机制,让协调成为常态

经济犯罪案件经常与经济犯罪一般违法行为交织在一起,因此就涉及各部门之间的协调,如经侦部门与税务部门之间针对涉税案件的协调,再如经侦部门与市场监督管理部门之间针对传销案件的协调,这些都需要构建一个常态化的协调机制。经济犯罪案件的复杂性决定了单靠经侦民警是很难完成案件的侦破工作的,因此特别需要司法会计人员、数据处理人员、技侦、网侦等各个领域、各个警种人员的配合。因此,形成一个常态化的协调配合机制,才能够更高效地完成经济犯罪案件的侦破工作。构建各部门、各警种之间的常态化协调机制,需要有上级主管部门的牵头,各部门负责同志成立一个联席会议组织,形成机制式的规章或者制度,在遇到有关案件时,侦查人员直接按照规章、制度去执行就可以了,这样办案效率就从根本上提高了。

(四)建立司法会计领域统一的技术标准

现阶段,国内急需的就是在司法会计领域制定一个统一的技术标准,这个标准能够使不同的司法会计人员提供的检查报告、鉴定意见会是一致的,这才是有效帮助经济犯罪案件的关键环节。目前,司法部、财政部、注册会计师协会等部门已经在着手准备统一标准的制定,而且国内已经有许多专家、学者正在积极探索这一统一标准的制定,希望不久的将来,我们就会看到一个完整的标准体系。有了这个标准,侦查人员就可以放心地使用司法会计检查报告、鉴定意见,而且也能够明确知道同一件案件的检查报告、鉴定意见会是相同的,这样会更加提高案件侦破的效率。

(五)大力培养司法会计专业性、复合型人才

司法会计人才的需求量,在未来很长一段时间都将是非常大的。对司法会计专业人才的培养,主要从高等教育着手,学生通过大学本科、研究生期间的专业培养,会形成较好的理论基础,再通过经侦实践的锻炼,很快就可以承担起专业任务。同时,社会培训也是培养专业人才的好方法,尤其是针对社会上那些来自会计师事务所或者是律师事务所,已经具备了较高水平的会计或者法律能力的人才,再对他们进行另外一门专业的培训,那就变得相对容易一些了。此外,还可以考虑从职称的角度对司法会计人才进行激励,类似于会计职称那样去设置初级、中级、高级职称,或者是设置执业能力考试。希望通过以上这些方法,为我们国家提供更多的司法会计专业性、复合型人才,以此来提高经侦案件的侦破效率。

第五章　法务会计

　　法务会计，最早可追溯到19世纪的加拿大[①]，而后经过几十年的发展，到了20世纪50年代，逐渐在美国崭露头角[②]。随后，西方国家先后开启了对法务会计的研究。直至20世纪90年代，法务会计终于传入我国，此后短短20年间，引起了我国众多专家、学者的广泛讨论，他们对法务会计的产生、概念、性质、属性等各方面都做了研究、探讨，为我国法务会计的发展做出了突出的贡献。

---

① 1817年，加拿大梅伊尔诉瑟夫顿（Meyer V. Sefton）一案，当时法庭要求一位检查破产账户的会计出庭作证。这是国内外法务会计界的专家、学者普遍认可的法务会计最早出现的时间。

② 20世纪40年代，美国会计师莫瑞斯·E.佩罗倍（Maurice E. Peloubet）在其撰写的《法务会计——在当今经济中的地位》（Forensic Accounting——Its Place in Today's Economy）一文中，首次使用了"法务会计"一词。自此，法务会计在美国开始逐渐发展起来。

第一节 国内外法务会计发展综述

一、国外法务会计发展综述

自 20 世纪 50 年代起，美国、加拿大、澳大利亚、英国等国家先后开启了对法务会计的研究。

表 5-1：国外专家、学者关于法务会计定义的综述

序号	专家、学者	观点
1	美国，马克斯·路易	法务会计是指与执法相关的会计实务，包括为了获得证据而进行的检查活动[①]。
2	美国，弗兰克·C.狄克曼	法务会计是指注册会计师使用会计技术和方法为客户及律师进行的诉讼提供专家证词。
3	美国，G.杰克贝洛各尼、罗贝特·J.林德奎斯特	法务会计是指法务会计师运用相关的会计知识，对财务事项中有关法律问题的关系进行解释与处理，并向法庭提供相关的证据，不管这些法庭是刑事方面的，还是民事方面的。
4	美国，乔治·A.曼尼	法务会计是针对经济犯罪行为，以收集财务数据证据，并以法庭能接受的形式提交或陈述的一门科学。
5	美国，弗兰克·J.戈瑞普	法务会计作为一门科学，它是将运用会计、审计的方法与程序获得的有关财务证据资料应用于相关法律问题的解决。法务会计通常会涉及财务问题与估价问题，它不同于传统的审计，法务会计是对一项指控的调查，其调查证据是要在法庭辩论中展现或陈述的。

[①] 白岱恩：《法务会计基础理论与应用研究》，知识产权出版社，2008，第 35 页。

表 5-1：国外专家、学者关于法务会计定义的综述　　　　　　续表

序号	专家、学者	观点
6	加拿大，斯考特	法务会计是一种处理记录和汇总企业经营状况和各种财务交易的法律问题的会计处理方法，在这个会计的新领域里有两大类会计实践：一是法律诉讼支持；二是欺诈调查会计。

表 5-2：国外对法务会计的研究成果综述

美国	法务会计的发源地；法务会计的高等教育、校外培训已走上规范化道路；学术研究成果显著，创办全球首个法务会计研究刊物——《法务会计》；成立法务会计职业组织，包括美国注册舞弊审查师协会、美国法务会计师理事会、美国全国法务会计师协会等；职业发展前景好，法务会计业已成为国际会计师事务所的中药业务和发展动力之一。
加拿大	法务会计发展迅速的国家；法务会计高等教育和继续教育重视理论与实践的结合；学术界和实务界非常重视研究，出版了一系列法务会计教材和专著；成立法务会计职业组织，包括特许会计师协会下设的优秀法务会计联盟、注册法务调查员协会；会计师事务所中有近一半提供法务会计服务，也有专门的法务会计师事务所。
澳大利亚	法务会计教育近年来发展非常迅速，高等教育和继续教育同时展开；澳洲会计师公会和澳大利亚特许会计师协会都在帮助法庭提供司法鉴定服务；通过专门的法务会计准则和研究指南。
英国	法务会计高等教育在多所名校开立；英格兰及威尔士特许会计师协会成立的诉讼支持小组为法务会计提供诉讼服务的指导和帮助；成立专业的法务会计师事务所，专门提供法务会计服务。

从以上信息可知，法务会计自 20 世纪 50 年代开始，已在全世界许多国家和地区开花结果，各个国家的研究主要集中在法务会计的定义、法务会计的人才培养、法务会计的学术研究、法务会计的职业发展等角度。截至目前，各个国家在这些方面都取得了一定的成绩。

二、国内法务会计发展综述

我们在中国知网上以"法务会计"为关键词对论文进行搜索的话,会得出下表中所列的早期关于"法务会计"的相关研究成果。从时间上看,法务会计的研究成果要远远晚于司法会计[①],最早的法务会计研究成果是1999年以盖地教授为首的专家、学者引入到我国的。

表5-3:中国知网上20世纪90年代发表过的"法务会计"相关论文[②]。

序号	论文题目	作者	期刊来源	发表时间
1	适应21世纪的会计人才——法务会计	盖地	财会通讯	1995(5)
2	法务会计理论与实践初探	喻景忠	财会通讯	1995(5)
3	我国会计问题的若干法律思考	李若山	会计研究	1999(6)
4	试论21世纪的新型会计人才法务会计	孙育新	黑龙江财会	1999(10)

20世纪90年代中期,法务会计在我国开始逐渐崭露头角。自此以后,我国学术界关于司法会计与法务会计的探讨、比较和争论就一直不断。本节我们重点关注下法务会计国内外的各种观点,以及法务会计的基础理论、方法等。

---

① 中国知网上,最早的司法会计研究成果出现在1984年,何联升《应重视司法会计鉴定学的研究》。

② 只以"法务会计"为关键词进行模糊搜索,可看到这些论文。如扩大搜索范围,法务会计相关论文还有不少,本书就不再一一列举了。

司法会计基础理论研究

表 5-4：我国专家、学者对法务会计的定义

序号	专家、学者	司法会计定义	来源
1	喻景忠	法务会计是根据法律的特殊规定，运用会计专业知识和技能，对在经济管理和经济运行过程中各种法定的经济标准和经济界限规范过程与报告结果，进行计算、检验、分析、认定的运用型学科。	《法务会计理论与实践初探》,《财会通讯》1999.5
2	李若山	国际法务会计是特定主体运用会计知识、财务知识、审计技术与调查技术，针对经济纠纷中的法律问题，提出自己的专家性意见作为法律鉴定或者在法庭上作证的一门新兴行业。	《论国际法务会计的需求与供给——兼论法务会计与新<会计法>的关系》,《会计研究》,2000.11
3	谭立	法务会计是在社会专业分工的基础上形成的专业支持，它弥补了公安司法人员、当事人及其代理人等处理法律问题或事项时所遇到的会计专业知识与技能的不足，是会计专业人员为解决或处理法律问题或事项提供的专业服务。	《论法务会计的法律事项》,》财会月刊, 2005.11
4	张苏彤	法务会计是特定主体综合运用会计学与法学知识、审计与调查的技术方法，旨在通过调查获取有关财务证据资料，并以法庭能接受的形式在法庭上展示或陈述，以解决有关法律问题的一门融会计学、审计学、法学、证据学、侦查学和犯罪学等学科有关内容为一体的边缘科学。	《法务会计高级教程》,中国政法大学出版社, 2007

表5-4：我国专家、学者对法务会计的定义　　　　　　　　续表

序号	专家、学者	司法会计定义	来源
5	戴德明	法务会计是司法会计的一种，当司法会计的目的是为在法律框架下规范和保护会计职业时，司法会计就可称为法务会计。法务会计是这样一种专业行为或理论：它关注会计职业界如何更有效地履行法律赋予的执业权利，通过提供现有法律框架内的一切有利于规范和保护会计职业界的法律根据，强化职业规范的约束力，帮助会计职业人士或组织主张合法权利，减轻由职业风险而引致的法律责任，支持会计职业界发挥社会（以法律意志为代表）赋予它的角色作用。	《法务会计若干基本问题研究》，《贵州财经学院学报》，2001.3
6	盖地	从实务角度看，法务会计是为适应市场经济的需要，以会计理论和法学理论为基础，以法律法规为准绳，以会计资料为凭据，处理涉及法律法规的会计事项，或者以法律法规和相关会计知识审查、监察、判定、裁定、审计受理案件、受托业务。从学科角度看，法务会计是适应市场经济需要的，以会计理论和法学理论为基础、融会计学和法学于一体的一门边缘交叉学科。	《法务会计研究评述》，《会计研究》，2003.5

从上述专家学者的观点中，我们可总结出法务会计有如下特点：

一是法务会计是法律、会计相结合的产物，在实务角度就是使用会计的方法处理法律相关问题，在学科角度就是融合法律和会计的一门复合型、交叉型学科。

二是法务会计的立场是当事人立场，如果当事人为企业，那就是通过调

查分析，应用会计方法，遵循法律法规来保护企业的合法权益。

三是法务会计的核心是如何提供有用的会计证据，而这些会计证据能够为法律问题服务。为法律问题服务，这也是法务会计与管理会计、财务会计的主要区别，法务会计应时刻考虑法律服务的问题。

四是法务会计的主体具有独立性、客观性。独立性，是为了保证业务活动的公平、公正；客观性，是法务会计做出报告、发表意见的基础。

五是法务会计涉及诉讼领域和非诉讼领域两类业务。法务会计涉及诉讼领域的业务，就属于司法会计的范畴；法务会计涉及非诉讼领域的业务，就属于会计的新领域，与传统会计领域（管理会计、财务会计）最大的区别就是是否为法律问题服务，是否需要解决相应的法律问题。

六是法务会计与司法会计存在相同之处，即都是使用会计的方法处理法律相关问题。但二者也有着很大的区别，那就是司法会计所处理的问题是法务会计所处理的问题中的一部分，即司法会计只涵盖了使用会计方法处理诉讼过程中的案件问题，不涉及其他当事人，只与诉讼过程有关。

三、法务会计与司法会计的关系

基本上每一本关于司法（法务）会计的著作都会对二者的关系进行阐述，许多专家、学者都有自己的观点，笔者也有着自己的理解。

现在学术界对二者的关系存在三种观点：

一是认为法务会计与司法会计之间本质上没有任何区别，法务会计与司法会计在不同领域的人眼里都是同一样事物，但是由于翻译的问题存在了两个名字，实际上做的事情是一样的。

二是认为法务会计属于会计领域，是会计的一个分支，跟管理会计、智能会计一样都属于会计的一个分支；司法会计属于法学领域，是诉讼领域里的侦查技术。因此，二者可能会有些交集，即在涉及诉讼领域的会计问题时，二者存在交集，但更多时候二者是不同的活动。

三是认为法务会计包含司法会计,即法务会计活动包括司法会计检查和司法会计鉴定,但同时也包括财务舞弊审查、损失计量等其他活动。

以上三种观点,目前在我国是同时存在的,而且在非学术界里持有第一种观点的人居多。

笔者是认可第三种观点的。法务会计在我国的发展要晚于司法会计,但从近二十年的发展情况来看,法务会计的活动范围确实已经包含了司法会计的活动范围,即法务会计中包含了诉讼领域的活动,也包含了非诉讼领域的活动。而那些属于诉讼领域的活动,就是司法会计本身的活动范围。至于法务会计所有的活动内容,本书将在后续的章节中进行详细介绍,此处就不再赘述。

但是,由于社会上大多数人还不能够清晰地对二者进行区分,大部分人还是认为二者属于同一种活动,因此我们学术界在研究时通常会使用司法(法务)会计,或者是法务(司法)会计来对二者的关系进行表达。随着司法(法务)会计在我国的发展越来越深入,笔者相信越来越多的人会对他们之间的关系有一个清晰的概念。

第二节　法务会计在我国的发展环境

众所周知,法务会计在我国的出现,要晚于司法会计,但为什么法务会计会在我国出现、扎根并蓬勃发展起来呢?笔者认为,这与以下环境因素都有着很大的关系:

一、诉讼制度的变革

我国诉讼制度的变革,主要呈现两种趋势:一是向职权主义与当事人主义融合的角度来发展,即在保留着原有的充分发挥司法机关在诉讼过程中的职能作用的同时，增加了许多当事人在法庭上积极主动发挥主体作用的职能。二是向实现惩罚犯罪与保障人权相统一的角度来发展，即在原有的诉讼法体系中增加"非法证据排除规则"等充分保障当事人权利的证据规则，这也是与国际接轨的标志。

这些诉讼制度的变革，带来了法务会计在中国的蓬勃发展。法务会计在诉讼活动中可以起到的作用变得越来越大。

二、司法会计的局限性

司法会计，只涉及诉讼活动中的检查和鉴定活动。但是我国发生在经济领域的更多情况，如损失计量问题、财务舞弊审查问题、舞弊风险管理问题等众多问题，都涉及了大量的财务会计资料，都需要专业人士来进行解决。因此，整个社会迫切需要来自诉讼领域之外的又能够解决相关法律问题的专业人士的加入，法务会计就适应了这样的环境而出现并蓬勃发展起来了。

我们以损失计量问题为例来进行说明。损失计量问题，是指对违约、人为事故等各种法律情况带来的损害赔偿案件的损失计量。在经济关系越来越复杂的今天，损失计量涉及的技术、方法不是普通人自己能够解决的，迫切需要有专业人士加入其中，为当事人提供专业的意见。法务会计会凭借自己的专业知识，运用大量的会计、统计、数理建模等技术、方法，帮助当事人、法官或者律师等解决各类经济案件赔偿问题。

三、专家辅助人的设立

21世纪初，专家辅助人制度就开始出现在我国各个诉讼法体系之中，并逐渐被应用到我国的司法会计鉴定制度之中，这对案件双方当事人来说绝对可以说是一个利好消息。受专业的限制，案件双方当事人很可能会对复杂的财务会计资料望而却步，这就有可能导致案件双方当事人针对司法会计鉴定人所出具的鉴定意见无法进行质疑，就算是质疑也可能是只针对法律程序上的问题提出质疑，对内容上的问题是无能为力的，这对当事人来说是非常不公平的。

但是，有了专家辅助人之后，案件双方当事人就可以聘请法务会计参与整个诉讼过程，在庭审前为当事人提供咨询，在庭审中帮助当事人针对鉴定意见进行质疑，在庭审后协助当事人进行损失计量等各项后续专业工作。总之，法务会计的加入，更好地解决了当事人公平参与法庭质证过程的问题，推动了法务会计在我国的蓬勃发展。

综上，我们可以看出，法务会计在我国的发展并不是偶然的，是由各种各样的环境因素作用而成的。未来，法务会计还将继续在我国发芽，也许还会开出更加美丽的花朵，我们可以拭目以待！

第三节 法务会计的属性和目标

一、法务会计的属性

法务会计（Forensic Accounting），其中 Forensic 是指与法庭有关的，Accounting 是指会计方法，包括财务管理、会计、审计等。将这两个英文单词组合在一起，简单理解字面意思就是法律与会计的组合，但是我们还可以深入理解一下。法务会计，往更深层次理解，就是利用会计方法去认定法律问题，或者是利用会计方法去解决法律中涉及会计业务的问题。法务会计的这个概念，既代表了一定的学科意义，即法律与会计相结合的学科；又代表了一定的职业意义，即利用会计方法解决法律问题的法务会计这一职业。因此，我们可以将法务会计的属性分成学科属性和职业属性。

(一）学科属性

我们都认可，法务会计是法律、会计等学科融合在一起的一门复合型、交叉型学科。这个复合型、交叉型学科，有着各个学科的特点，但又不同于各个学科。例如，法务会计使用会计方法去解决法律问题，如果解决的是诉讼活动中的法律问题，那就不能够使用"抽样法"进行统计分析，这是建立在诉讼前提下的会计方法的选择。因此，我们可以通过法务会计的目标、方法等方面解释说明法务会计的学科属性，它不是各个学科简单的"累加"，而是集合了法学、会计学、审计学、证据学、侦查学、犯罪学等各学科的一门新兴的复合型、交叉型学科。

（二）职业属性

法务会计，具有法律服务的属性。这个属性分为两类，一类是诉讼法律服务属性，一类是非诉讼法律服务属性。

1.诉讼法律服务属性

在涉及财产纠纷、损害赔偿等民事诉讼活动中，或者是在涉及贪污受贿、侵犯财产犯罪、妨害公司犯罪等经济犯罪的刑事诉讼活动中，都需要法务会计人员辅助收集会计资料相关证据，对有关财务会计事项进行鉴定，也可能是需要参与复杂经济案件的法庭质证过程，对自己的鉴定意见或者是对相关财务会计问题进行解释说明。

2.非诉讼法律服务属性

法务会计也可能参与到企事业单位的日常经营活动中，为企事业单位进行决策咨询，保障企事业单位的权益。这时，法务会计的职业活动就与诉讼活动无关，需要服务的对象是企事业单位。例如，上市公司需要聘请法务会计人员对公司内部欺诈舞弊的现象进行调查、取证；再如，银行需要聘请法务会计人员对银行内部涉嫌洗钱、诈骗等现象进行调查、取证等。所有这些业务，都暂时与诉讼活动无关（也不排除未来走到诉讼的阶段），聘请法务会计人员参与其中，是为了让法务会计人员用他们专业的会计知识和法律知识来给企事业单位提供协助，搜集证据，以备后续之用，也可起到有效防控的目的。

二、法务会计的目标

法务会计的职业属性，决定了法务会计的目标。如果是参与诉讼活动，法务会计的目标就是查清经济犯罪案件中涉及的财务事实与会计事实；如果是参与非诉讼活动，法务会计的目标就是通过查清企事业单位的财务事实与会计事实，来保障当事人的权益。因此，法务会计的目标总体上来说，就是对涉及的财务事实和会计事实发表意见，这个意见可能作为诉讼证据（司法会计鉴定意见）使用，也可能不作为诉讼证据使用，只为企事业单位的决策提供参考。

第四节　法务会计的对象与职能

法务会计，是法学、会计学等学科相融合的复合型、交叉型学科，因此其对象与职能也具备了法律与会计相结合的特点。

一、法务会计的对象

法务会计的对象，即法务会计需要检查、鉴定、审查、核算的与经济活动、资金运动等有关的资料。法务会计的对象与一般财务会计的对象有很大的不同，一般财务会计的对象与企业的日常生产经营活动有关，而法务会计的对象与企业的日常生产经营活动关系不大，主要是与企业涉及的法律问题中的财务会计问题有关。从这个角度出发，我们可以将法务会计的对象分为静态对象和动态对象。

（一）静态对象

所谓静态对象，是指企业在静态中所表现出来的财务会计资料数据，这些数据包括会计凭证、账簿、报表，等等，表现出来的是企业在某一特定时间点的数据。法务会计可以通过这些数据查找与经济犯罪有关的、与舞弊审查有关的线索资料。

（二）动态对象

所谓动态对象，是指企业在动态的生产经营过程中所表现出来的财务会计信息数据，这些信息数据包括采购业务数据、销售业务数据、筹资投资等各项经营业务数据信息。法务会计可以通过这些数据信息查找到经济活动中的与案件有关的线索信息、与舞弊审查有关的线索资料。

综上，法务会计的对象，必须是与案件活动有关的，或者是与舞弊审查活动有关的需要检查或者鉴定的事项，如果与这些活动无关的资料，就不是法务会计的对象。

二、法务会计的要素

法务会计的对象如果进行细分的话，就构成了法务会计的要素。

（一）财务数据

财务数据是对企业经营活动的经过、结果所做出的表现，这个表现可以是文字的、数字的，也可以是纸质的、电子的，还可以是实物的，所有的这些都构成了财务数据，也就构成了法务会计的要素之一。法务会计在检查、鉴定的过程中，应用最为广泛的要素就是财务数据，财务数据也是构成诉讼证据的最主要证据。

（二）财务比率

财务数据之间，有的可以形成固定的比率，这个比率就叫作财务比率。财务比率可以反映出企业日常生产经营活动中涉及的两个项目或者更多项目之间的关系，法务会计通过这个关系就可以发现财务舞弊行为、找到经济犯罪的线索等。因此，财务比率也是法务会计的重要因素。

（三）非常规账项

通过对财务数据、财务比率的分析，可以明显看出哪些账项是与正常账项存在显著差异的，这种账项很可能存在舞弊的行为，我们称其为"非常规账项"，也叫作"嫌疑账项"。例如，我们计算出 A 销售公司 2020 年的销售增长率为 44%，但是同期同类公司的销售增长率平均数为 24%，如此巨大的差异很有可能存在舞弊行为，因此与销售增长率有关的账项都属于非常规账项，是需要法务会计重点关注的要素。

（四）预警信号

很多财务舞弊行为在发生之前都有着或明或暗的一些信号，我们把这些信号称为舞弊的征兆，或者叫作"预警信号"。法务会计需要做的就是，在研究的过程中大量关注这些预警信号，通过多关注、多了解、多掌握，在舞弊发生时就可以第一时间发现问题，或者是在舞弊发生前就可以将舞弊行为扼杀在萌芽状态中。

财务核算过程中的预警信号有很多，例如我们可能会发现一些不明原因的存货短缺的现象，账簿金额不平衡现象，多次接到匿名电话举报某人做假账现象等，很多的现象其实都是预警信号，我们根据这些蛛丝马迹进行寻找，往往就能够找到法务会计应重点关注的要素。

三、法务会计的职能

(一) 诉讼鉴定职能

法务会计的诉讼鉴定职能,指的就是"司法会计"这一领域所包含的职能。一般来说,国内的专家、学者普遍认可一个观点,那就是法务会计包含司法会计,即法务会计包含司法会计(诉讼领域)与非司法会计(非诉讼领域)。

现在很多作案人都选择各种隐蔽性极强的犯罪手段来掩盖自己的罪行,尤其是在经济犯罪领域中,作案人通常会使用相当多的财务造假手段,单凭侦查人员自己的法律能力是很难查找到相关证据的。因此,司法会计检查与司法会计鉴定工作就急需专业人才去完成,这些人才可以是司法会计鉴定人,也可以是法务会计身份的人,他们都具有这方面的能力。并且,在有需要时,还应当出庭参与"法庭质证"环节,针对自己出具的鉴定意见以及与本案相关的财务问题和会计问题进行解答和证明。

诉讼鉴定职能,是法务会计应用范围最广的职能,也是我国引入法务会计(司法会计)后,国内首先出现的职能形式。早在20世纪80年代,在检查系统内部就已经存在司法会计师来处理案件中涉及的财务会计问题的现象,这是我国最早的法务会计(司法会计)尝试。

(二) 诉讼辅助职能

在诉讼过程中,法务会计可以参与侦查阶段的司法会计检查和司法会计鉴定环节,也可以参与审判阶段的法庭质证环节(针对司法会计鉴定意见的法庭质证)。同时,法务会计还可以在整个诉讼过程的不同阶段承担辅助作用,包括庭审前的准备工作、庭审中的辅助工作等。

1. 庭审前的准备工作

在经济犯罪案件中,由于涉及大量的财务问题和会计问题,专业性极强,一般的当事人受到自身专业的限制,可能无法处理与案情相关的财务会计问题，这时就需要聘请、委托法务会计协助其制订诉讼策略。从这个角度看，法务会计此时的职能与律师相像，只不过律师存在专业的限制，所以才需要适时地聘请专业的法务会计人员参与到庭审前的准备工作中。

法务会计在这个环节可以辅助的工作有：协助律师收集财务会计有关的证据；协助委托人和律师核算损失、补偿金额等；分析案情、确定案件中涉及财务会计问题的关键点；对案情的走势进行分析，为委托人出谋划策，提出自身对案件的认定观点等。

2. 庭审中的辅助工作

法庭审判过程中，双方当事人、诉讼代理人、控诉人等案件双方涉及的人员，都有可能受到专业的限制，无法对案件中涉及的财务问题和会计问题提出自己的观点，也无法针对司法会计鉴定意见进行质询。因此，案件双方涉及的人员都可以而且应当聘请"专家辅助人"参与到庭审过程中，由专家辅助人针对财务会计问题在法庭上帮助其完成质询、辩解等过程。

法务会计在这个环节，要根据委托人身份的不同，发挥不同的职能。如果法务会计是受控方委托，职能就是代表控方针对辩方提出来的辩解问题进行答疑；如果法务会计是受辩方委托，职能就是代表辩方针对控方提出来的司法会计鉴定意见中认为不合理的地方进行质询，提出辩方的观点，帮助辩方找到对自己最有利的辩解思路。

（三）计量损失职能

计量损失，是法务会计的另一项重要职能，可能出现在诉讼案件中，也可能出现在非诉讼案件中。无论是诉讼案件，还是非诉讼案件，都有受损失的一方，法务会计接受受损失一方的委托（也可以接受对方的委托），对案件中涉及的损失进行计量，通过计量后的结果双方就可以判定赔偿责任。

计量损失的过程，其实就是法务会计利用会计学的方法，协助委托人、协助律师去锁定（计算）案件赔偿的证据，当然也可以检查对方法务会计提出的损失是否准确、赔偿方案是否合理等。

(四)舞弊审查职能

经济领域的舞弊行为可分为两种,一种是企业管理层舞弊,如虚增利润、偷逃税款等;另一种是职工个人舞弊,如职务侵占、挪用资金等。

法务会计在接受企业上级主管部门的委托、企业董事会的委托或者企业管理层的委托,对企业的舞弊行为进行审查。不论是哪种舞弊行为,法务会计人员的审查无外乎以下三项内容:

一是审查舞弊的重点环节、审查舞弊可能发生的环节。法务会计在审查的过程中根据自己的专业判断,可以找寻到企业内部控制管理的薄弱环节,这些环节需要在报告中进行披露,提示企业这些为可能发生舞弊的环节。

二是针对会计师事务所出具的审计报告进行审查。会计师事务所有可能涉嫌与管理层合谋,出具虚假的审计报告,骗取股东、债权人、公司主管部门等。法务会计审查审计报告的过程,就相当于是重新针对企业的财务会计资料编制了一个审计报告,这个过程将运用法务会计的专业能力,不但编制新的审计报告,还需要找到虚假的审计报告的舞弊证据。这些舞弊证据有可能存在于审计报告本身,也有可能存在于企业自身的财务会计资料中。

三是针对舞弊审查的结果出具审查报告。委托人聘请法务会计进行舞弊审查的目的,一方面是希望法务会计找出舞弊行为发生的环节,另一方面也是更重要的一方面,是希望法务会计能够帮助企业找寻到解决的办法,提出行之有效的解决方案,这才是法务会计真正的意义所在。

第五节 法务会计的假设

对一项业务活动设置假设,是为了更好地发挥这项活动的作用。会计有基本假设,法务会计也不例外。法务会计的假设就是为了更好地发挥法务会计的作用,在特定的法务会计环境下,对法务会计的空间、时间、条件等做出合理的设定,以这个设定为前提条件进行合理的推断。

为法务会计设定假设时，需要综合考虑以下因素：

一是形式上要具有概括性、代表性。即法务会计的假设，要能言简意赅地表现出法务会计的特征、发展规律等，太复杂的假设、不够精练的假设都是不恰当的。

二是内容上要具有全面性、综合性。即法务会计的假设，要涵盖法务会计的所有内容，包括经济犯罪案件的检查和鉴定、财务舞弊行为的审查、各种损失的计量等方面。

综上，我们可以总结出法务会计的假设应包含以下四项：

（一）诉讼事项假设

诉讼事项假设，即法务会计要解决的是与诉讼活动有关的财务会计问题[①]。即法务会计的活动，从诉讼活动的开始而开始，从诉讼活动的发展而展开，从诉讼活动的结束而完结。整个诉讼活动中涉及的财务会计问题都需要检查、鉴定，最终出具鉴定意见、参与法庭质证环节。其实，法务会计的诉讼事项假设，是确定了法务会计的空间范围，即法务会计的活动空间要围绕这诉讼活动展开，这一点与会计的会计主体假设很像。会计主体假设，是假设会计核算是围绕着一个经营主体的整个经营活动展开，也是做了"一个经营主体"的空间假设。因此，法务会计明确了诉讼事项假设，就是明确了为哪个事项服务，相当于是确定了主体。

（二）舞弊痕迹假设

舞弊痕迹假设，即假设法务会计在检查财务会计资料时一定能够发现财务舞弊的蛛丝马迹，通过这些蛛丝马迹就可以找到需要的线索，进而顺藤摸瓜获取相应的证据。这个假设，是建立在哲学上讲的"普遍联系"这一原理

[①] 法务会计的业务有很多种，但最多的、最常见的就是诉讼活动中的检查、鉴定业务。因此，法务会计的假设也会最先提到诉讼活动业务。

的基础之上的。哲学上讲，事物是普遍联系的，因此我们假设任何一个财务舞弊行为都会留下相应的痕迹。例如我们在检查会计凭证时，如果发现应附而未附原始凭证，那就有理由怀疑存在舞弊的可能；再如我们在计算企业经营毛利率时，发现被检查单位的毛利率高于行业平均水平很多，那就有理由怀疑存在舞弊的可能。任何一种舞弊痕迹的存在，都是法务会计进行检查或者鉴定活动时的依据，假设有舞弊痕迹的存在，法务会计的活动就会变得更加顺利。

（三）计量方式假设

法务会计在检查或者鉴定的活动中，所遇到的所有问题不一定都可以用货币来进行计量，这一点就与会计完全不同。在会计假设中，有货币计量假设，说明在会计核算时是假设所有的经营活动都可以用货币进行计量。而在法务会计中，我们没办法假设所有的问题都可以用货币来进行计量，例如我们在财务会计资料中发现被检查单位的一项购销合同是伪造的，这一舞弊行为在我们的检查报告（或者是鉴定意见）中就会采用文字的形式进行记录。因此，我们在对法务会计的计量方式进行假设时，采用的不是单一的货币计量假设，而是多种计量方式假设，既可以是货币的，也可以是实物的和文字的等各种其他方式。

（四）独立身份假设

法务会计在进行活动时，需要保证自身的独立性，这个独立性是排除来自外界各方干扰的独立性，并且需要在整个活动的过程中始终保持独立性。因此，我们在进行法务会计活动时必须要首先假设法务会计具有这种独立身份，可以独立地进行检查、鉴定活动。这一假设，是对法务会计人员的保护，也是对法务会计人员的约束。有了这一假设，法务会计人员就可以放心地从事法务会计活动，并且在活动中不会因为身份而受到质疑。但是，法务会计人员也需要随时保证自己的独立性不受干扰。

第六节 法务会计的主体

一、我国法务会计的需求分析

每个行业的快速发展,都与整个社会的需求密切相关。近几年,法务会计在我国的蓬勃发展,与我国市场经济的发展和法治建设的需要是分不开的。总结来说,我国法务会计的需求主要产生于以下四个方面。

(一)司法部门

为维护市场经济秩序,为改善人民群众的经济生活环境,司法部门必然会对财务舞弊等行为进行查处,这些行为都与财务会计资料有关,而能够真正读懂财务会计资料且又具有独立性的人员,非法务会计莫属。

(二)侦查人员

受专业能力的限制,大部分侦查人员是不具备完整的、足够的会计、审计方面的专业知识和能力的。我们国家每年花大量的精力在培养经侦民警,但经侦涵盖的范围非常广,这些民警(或者学生)在学习复杂的侦查业务知识的同时,如果再兼顾法务会计知识的话,确实会非常艰难。因此,经侦民警中只有极少部分侦查人员(应该说是凤毛麟角)能够独立看懂复杂的财务会计资料,尤其是针对上市公司业务的财务会计资料能够看懂的就更少了。由此,侦查人员在遇到较为复杂的涉及财务会计问题的经济案件时,会更加需要法务会计的加入。

(三)律师、诉讼当事人等

律师、诉讼当事人等,他们也存在与侦查人员一样的问题。人的精力是有限的,受专业知识和能力的限制,律师和诉讼当事人等他们很难同时具备法律和会计、审计等相关方面的知识,或者是即使他们具备相应的知识,也不一定具备相应的经验。而经济案件本身涉及的财务会计问题都是非常复杂的，面对这种情况，他们往往更需要得到一位专业人士的帮助，那就非法务会计莫属。

（四）其他方面

法务会计除了诉讼支持职能以外，还可以在损失计量方面、舞弊审查方面发挥更大的作用。因此，越来越多的案件当事人、公司企业决策人倾向于邀请法务会计为他们解决专业性问题，这样既能够节约时间，又能够取得专业的结果，一举两得。

二、我国法务会计主体发展现状

市场经济越发达，经济纠纷、舞弊行为、经济犯罪等各种需要用会计技术去判定的法律问题就会越来越多。因此，法务会计的主体，就是那些拥有会计、审计、金融、法学、证券学等复合型、交叉型学科知识的专业人才，利用自己的专业技术为法律事务中的财务会计问题提供决策分析和检查鉴定的人员。

一般来说，具备法学、会计学等学科知识的专业人士就可以成为法务会计的主体，或者是即使不具备上述学科背景，但是拥有同样能力的专业人士也可以成为法务会计的主体。具体到实践中，除了专业能力，还需要具备的就是独立性，即法务会计必须独立于法律事务之外，拥有独立第三方的属性。只有具有相对独立的第三方属性，才能够保证法务会计活动的顺利开展，也能够保证结果的公正性。

但是，法务会计在我国开始较晚，近十年才开始逐渐被社会所接受，所以我国目前还没有专业的职业组织、职业团体，也尚未出台相应的考试、考核、审核制度来界定法务会计的资格，这样的发展现状很难满足我国现阶段对法务会计的需求，更难以满足未来法务会计的发展。

当前，我国法务会计通常是由会计师事务所、律师事务所那些具有专业胜任能力的人员担任，但很难保证这些人员是具有会计、法学两方面能力的复合型人才，这是当前阻碍法务会计主体发展的重要因素。

三、法务会计主体的分类

（一）司法会计鉴定人

司法会计鉴定人是指接受委托，对法律案件中涉及的财务问题和会计问题，利用自己的专门知识对其进行鉴定，最终根据案件证据材料出具鉴定意见的专门性人员。同时，在有需要时，司法会计鉴定人还需要出庭参与"法庭质证"环节，对控辩双方提出的专业问题进行解答，对自己出具的鉴定意见进行释疑。

（二）专家辅助人

专家辅助人，是指具有专门知识的人，在法庭上辅助当事人了解专业知识。专家辅助人，不仅仅是指法务会计人员，也可能涉及其他的专业，例如刑事科学技术等专业问题。法务会计做专家辅助人，一方面是针对法律案件中的专业知识为当事人解惑，帮助当事人了解案情；另一方面也可以针对司法会计鉴定人出具的司法会计鉴定意见替当事人提出质疑或者辩解。

（三）舞弊审查人

经济越发展，舞弊行为就越多；会计报表越复杂，舞弊行为就越多。简言之，就是随着经济的发展，舞弊行为只会变得越来越多，这就需要法务会计人员的参与，为企业审查舞弊行为和舞弊人，帮助企业找到内部控制的薄弱环节，为企业提出未来构建合理的、有效率的内部控制策略。法务会计在舞弊审查中，对财务会计资料、审计报告、内部控制制度等进行检查，最终为企业出具专业的舞弊分析报告，这个报告仅限内部使用，没有法律效力。

四、法务会计主体应具备的知识

法务会计承担着多项任务，需要特别复杂的知识和能力。具体包括以下七个方面：

（一）会计、审计知识

法务会计要了解会计语言，知道会计资料所表现出来的内容，能够看懂会计资料背后的内情；法务会计也需要懂得审计技术，对审计方法、审计风险等知识都应了如指掌。

（二）法律知识

法务会计中的"法"字，就代表了法务会计活动一定是与法律有关的，即使不是与诉讼活动有关，也会与其他的法律事务有关。例如，经济损失的计量，虽然并未涉及诉讼环节，但是也涉及与相关损失有关的法律问题。

（三）诉讼知识

法务会计中与诉讼活动有关的那些司法会计活动，就需要用到诉讼有关的知识，从初查、立案、侦查、庭审等各个环节，法务会计都应了解相关流程和知识体系。例如，在经济犯罪案件中，法务会计要出具司法会计鉴定意见的话，就需要了解案情，了解整个的诉讼流程，最终还需要在法庭上参与质证环节。所以，诉讼知识是法务会计参与诉讼活动（司法会计检查和鉴定活动）必不可少的知识。

（四）沟通能力

法务会计需要与委托人沟通，需要在法庭上参与质证，需要为案件当事人做"专家辅助人"，所有这些都需要法务会计具备相当强的沟通能力。例如，法务会计需要参与法庭质证环节，在法庭上为所有人用最通俗的语言解决最复杂的会计问题，需要的沟通能力要比普通人强很多才能够做到。

（五）计算机应用能力

信息化时代，法务会计检查财务会计资料、获取财务会计资料证据时，需要面对很多电子数据，也需要具备获取隐藏数据的能力，所以这些都要求法务会计能够具备相当强的计算机应用能力。例如，法务会计在对某家公司财务舞弊问题进行审查的时候，可能需要通过恢复隐藏的（或者被删除的）财务数据来找到线索或者突破口，这些都对法务会计的计算机应用能力提出了更高的要求。

（六）职业怀疑能力

法务会计的工作性质要求他必须时刻保持职业怀疑的态度，抱着怀疑一切的心态去进行检查，对任何财务资料的合法性、合理性、准确性都存在疑问，这样才能够在工作中找到线索和突破口，才能够顺利地完成工作任务。

（七）心理分析能力

法务会计除了接触财务会计资料以外，接触最多的就是"人心"。例如，在财务舞弊审查活动中，法务会计除了需要在财务会计资料中找到蛛丝马迹，还需要运用自己的心理分析能力最终找到舞弊者以及舞弊动机。

五、法务会计主体应具备的职业道德品质

法务会计在工作的过程中，应保持良好的职业道德，要做到公正、公平地解决相关问题。

（一）执业能力

职业道德的前提就是执业能力，一个没有执业能力的法务会计，一定是不具有职业道德的法务会计。法务会计应了解诉讼程序、了解取证程序和证据规格、了解损失计量的法律要求、了解财务舞弊审查的要求等。这些都是法务会计应具备的基本的执业能力。

(二) 保密原则

法务会计将接触到相当多的尚未公开的信息,如诉讼活动中的案件进展,如财务舞弊审查中的内部控制问题等,这些都是现在不能够公开且以后也未必可以公开的信息。法务会计应遵循保密原则,在承接业务时、调查取证时、业务结束后等各个环节都需要按照与对方签订的保密协议(如果没有签订保密协议,也应按照保密原则进行充分保密)进行充分保密。

(三) 职业谨慎

法务会计工作的质量,就体现出了职业谨慎的道德品质。法务会计的工作非常重要,涉及经济案件的诉讼活动,也涉及上市公司财务舞弊审查等,动辄涉及案值几千万甚至上亿元,所有这些业务都要求法务会计抱着职业谨慎的态度,利用足够的时间研究获取的证据,保质保量地完整工作任务。

(四) 独立、客观原则

独立性,是法务会计承接业务的基本要求。法务会计的独立性,是指独立于所有的关系方之外的,是为了保证业务活动的公平、公正。

客观性,是法务会计做出报告、发表意见的基础。如法务会计在记录检查报告、出具鉴定意见时应根据获取的各项证据(或资料)的客观事实进行鉴别判断,不能掺杂任何个人的主观意见,也不能根据其他案件资料(例如讯问笔录等)去进行任意主观揣测。

第七节 法务会计的原则

原则,是指人们在做一件事情时应遵循的准则、标准。法务会计的原则,就是指法务会计在进行检查和鉴定活动时所应遵循的准则、标准。与会计准则不同,法务会计的准则应首先体现法律的精神,应以法律规定为准绳,在法律的前提下再考虑其他的技术和方法。因此，法务会计的原则就是在法律框架下，运用会计、审计、法律等技术手段的准则、标准。因此，我们根据法务会计活动的特点，可以总结出法务会计应遵循的五大原则。

（一）独立性原则

法务会计人员在进行法务会计活动时必须以独立的身份进行工作，要避免来自各方的干扰，这就是法务会计的独立性原则。要保证法务会计的独立性，可以从以下三个方面着手：一是保证法务会计机构的独立性。法务会计机构必须具有独立法人身份，独立的机构身份可以避免出现自侦自鉴、自诉自鉴、自审自鉴等情况。但现在还有许多存在于司法机关内部的司法鉴定机构，这类机构也有很多法务会计人员，这种机构的独立性较弱，笔者认为逐渐地会被具有独立法人的机构所取代。二是保证法务会计人员活动时的独立性。法务会计人员在进行法务会计活动时应不受任何干扰地制订计划、进行检查和撰写检查报告、进行鉴定和出具鉴定意见、参与法庭质证环节等。三是保证法务会计机构之间的独立性。法务会计机构之间应保持独立的关系，互相不存在隶属关系，各自的检查报告和鉴定意见都互相不受干扰等。

当然，以上所说的独立性原则，并不代表法务会计就可以任意活动而不受监督、管理。法务会计应接受司法部门和行业协会的管理、监督、指导，但是这个管理、监督、指导并不是针对某一个业务，而是针对法务会计的整体活动，是为了维护法务会计的独立性而产生的。

（二）合法性原则

法务会计人员在进行法务会计活动时必须是在法律的范畴内进行，一方面体现在程序上的合法性，另一方面体现在内容上的合法性。程序上，法务会计人员应在符合法律规定的条件下进行活动。例如在进行司法会计鉴定时，法务会计人员需要根据侦查人员（或委托人）提供的检材来进行鉴定，检材是不可以由法务会计人员自行获取的，这也是为了保证法务会计人员的独立性。如果法务会计人员自行获取检材，就属于违反了程序上的合法性，会导致最终鉴定意见的证明力减弱甚至丧失证明力。内容上，法务会计人员出具的检查报告、鉴定意见等，需要在内容上符合法律法规的要求。例如在法务会计人员对财务舞弊行为进行审查的时候，检查报告中所列明的检查项目、内容、意见等需要符合会计准则、审计准则等的有关要求。不符合准则要求的检查报告、鉴定意见等就是在内容上违反了合法性原则。

（三）客观性原则

法务会计人员在进行法务会计活动时，要时刻从实际出发、客观真实地反映财务会计问题的本来面貌，要根据搜集到的证据资料发表符合准则要求的实事求是的意见。例如，有时法务会计人员所搜集到的证据资料只能证明财务舞弊行为确实发生了，但是无法证明是由谁来完成的，这时法务会计人员就需要客观地撰写检查报告，不能通过主观性地猜测、想当然地认为此事应为会计人员所为。主观性地臆断在法务会计活动中是坚决杜绝的，法务会计人员只需要客观陈述与财务会计有关的事实即可，不需要出具结论性的意见，剩下的问题就交给法官来判断。

（四）预防性原则

法务会计人员在进行法务会计活动中，如果总是以事后解决问题为第一要务，那就会忽略了事前控制、事前预防的问题，对被审查单位来说是极为不利的。因为一旦发生财务舞弊行为，或者一旦发生经济犯罪行为，受害单位或者个人的损失都是巨大的、无法估量的。因此，从源头上、从事前对舞弊行为进行控制、进行预防才是法务会计最应该做的事情。因此，预防性原则才是法务会计的治本原则，能从整体上解决这一问题，也是符合成本效益原则的。

（五）怀疑性原则

法务会计应具备"职业怀疑精神"，这一点是法务会计从事任何业务的一个前提。法务会计保持着这种职业怀疑精神，就可以推测、假设任何与经济案件有关的、与财务舞弊行为有关的人和账都是存在问题的，并以此作为工作的基础。其实，这个原则就是假设所有的单位都会存在舞弊的行为，也就是说舞弊是无处不在的，同时也就是说内部控制在任何单位都不是无懈可击的。怀疑性原则在很多学者的书里都被总结为"内部控制无效论"，即任何一个单位的内部控制都不会是百分之百有效的，总会存在瑕疵，我们的法务会计就是专门针对内部控制的瑕疵来进行检查的，这也是法务会计的重要任务之一。

（六）换位思考原则

所谓换位思考，即法务会计站在舞弊者的角度去进行思考，从舞弊者可能采取哪些手段、可能选择哪些科目进行舞弊等角度去找寻思路，针对这些角度对内部控制制度的漏洞、对企业管理制度的漏洞进行检查。这种换位思考方式是源于财务舞弊行为通常都是高智商的犯罪，如果法务会计不能够采用更高级的技术水平去检查的话，可能会无法分析出舞弊者的手段，所以为了与舞弊者进行斗智斗勇，法务会计就可以换位思考。因此，法务会计通常在接触到一项业务时，首先问问自己，如果自己是舞弊者的话，会从哪里下手？

第八节 法务会计参与诉讼阶段的作用

法务会计参与诉讼阶段，可分为两种情形：一种是以司法会计鉴定人的身份参与诉讼的整个过程；另一种是以诉讼辅助人的身份参与诉讼的整个过程，这个身份就是利用专门的知识为当事人服务、协助律师等。本节重点分析法务会计以诉讼辅助人的身份参与诉讼过程的作用。

从前面几节的分析中我们可以看出，法务会计参与诉讼阶段根据阶段的不同可以发挥不同的作用：诉前阶段，法务会计提供的是协助当事人收集证据、评估风险、制订诉讼策略等作用；庭前准备阶段，法务会计帮助当事人分析财务证据、审查证据规格、评估诉讼风险等；庭审阶段，法务会计以"专家辅助人"或"专家证人"的身份参与庭审；审判后阶段，法务会计对判决结果进行专业审查，协助当事人对赔偿金额进行核算等。

一、诉前阶段

诉讼案件中的当事人，通常对于财务会计知识并不专业，需要在诉讼中涉及财务会计知识的问题上委托有专门知识的人帮助解决，法务会计就是应这种需求参与到诉前阶段的。

首先，法务会计可以帮助、协助当事人收集财务会计资料证据，并根据证据条件评估胜诉概率，根据胜诉概率评估成本效益，以此确定是否有必要走向诉讼程序（是否可以庭外和解）。

其次，如果当事人评估成本效益、考量利害关系后仍然决定进行诉讼，那接下来法务会计可以承担的工作有：收集、整理全部的、可用的财务会计资料证据；科学、合理地计算损失赔偿金额[①]；制订具体的、可行的诉讼策略；协助当事人、律师或诉讼代理人针对诉讼程序采取措施，如申请资产冻结、证据保全等。

二、庭前准备阶段

在案件已经立案、尚未开庭审理的这段时间，法院会组织双方当事人进行庭前交换，包括起诉书以及相关证据。这时，法务会计就可以帮助当事人

---

① 2001年，美国安然公司破产后，美国法务会计曾在诉讼前帮助律师对该案应进行赔偿的具体的损失金额进行了评估和预测，为该案的起诉和受理奠定了良好的基础，并最终取得了预期的诉讼效果。

对对方提出的涉及财务会计问题的证据、起诉内容等进行审查、评估，为当事人提出合理的诉讼建议。

首先，法务会计要对对方提出的涉及财务会计问题的证据进行审查。审查后的结果，可能是对当事人有利的，也可能是对当事人不利的。法务会计可根据审查结果，为当事人提出合理的建议。

其次，法务会计运用专门知识，对审查的证据的结果进行评估，给当事人提出是否进行诉讼的建议，以及诉讼后的成本效益估算。如果法务会计评估后认为继续诉讼是合理的，那接下来就需要协助当事人准备庭审资料（庭审意见书等）；如果法务会计评估后认为诉讼的成功率不大，且不符合成本效益原则，就需要建议当事人选择庭外和解，那接下来法务会计的主要任务就是如何帮助当事人在庭外和解的过程中争取最大的利益。

在这一阶段，法务会计的专业知识和专业能力会起到非常重要的作用，直接决定了当事人是否继续进行诉讼。法务会计可以根据证据资料分析出案件的有关争议点的利益是否归属于己方当事人，从而做出充分的估算和判断。

三、法庭审理阶段

庭审阶段，法务会计作为"专家辅助人"或"专家证人"的角色参与其中，帮助当事人针对己方提供的证据进行解释说明，针对对方提供的证据提出合理质疑。

庭审阶段，尤其是涉及经济案件的庭审阶段，特别需要有专门知识的人参与其中。这些具有专门知识的人，一方面可以将案件中涉及的专门知识用通俗、浅显易懂的语言"翻译"给庭审现场的所有人（包括法官、陪审员、双方当事人、法定代理人、诉讼代理人、辩护人等），让大家对该案的专业问题能够更加清晰、明了；另一方面可以帮助己方当事人处理专业问题，为当事人服务。

四、审判后阶段

庭审结束后,法务会计可协助当事人做两件事情:

一是审查判决书中涉及财务会计知识的内容有无错误或者不合理的地方,审查损害赔偿的金额及其计算方法是否合理。如果审查后发现存在不实证据资料,或者对损害赔偿金额存在异议,法务会计可以协助当事人找寻新的证据和上诉。

二是针对对方当事人的赔偿义务,如果发现对方当事人以产品折价进行赔偿时,可以协助己方当事人进行折价物品的现有价值的估算,这个估算需要充分考虑时间价值、市场价值波动、折旧年限等因素,因此也需要法务会计的专业知识进行处理。或者是当发现对方当事人未按照判决履行义务时,法务会计可协助己方当事人核算延迟支付期间的债务利息,和向法院提出强制执行。

第九节　法务会计证据收集实务

经济越发展,利用财务会计资料进行违法犯罪的活动越复杂、越隐蔽。早期,财务会计资料违法犯罪活动的手段比较单一,基本集中在涂改会计凭证、编制虚假会计分录、虚构会计业务等。

进入 21 世纪,随着会计电算化技术的广泛应用,作案手段就变得愈加复杂,逐渐演变成对会计信息系统的数据进行篡改、删除等,而且这种篡改、删除遗留下来的痕迹变得越来越少,非专业人士根本无法找到其中的问题所在。

因此,有效收集和运用财务会计资料证据,是法务会计的专业知识的体现,是法务会计参与诉讼活动,为司法机关、为当事人服务的基本职能。

一、财务会计资料证据的特点

（一）证据形式单一，主要为书证或电子证据

财务会计资料的表现形式就是财务会计资料证据的形式。因此，财务会计资料证据一般表现为书证，有时也表现为电子证据，未来肯定是电子证据将会越来越多。

法务会计进行会计资料证据的收集整理时，要注意以下两点：一是针对书证，要注意准确性、完整性。二是针对电子证据，除了要收集完整的、实用的资料，还需要特别注意查清有无篡改、删除等现象。这一步就需要用到对会计信息系统非常熟悉的法务会计的专业知识，收集到会计信息系统后台登录数据、后台操作数据等，必要时也可能需要会计信息系统的开发商进行协助处理。

（二）证据隐蔽且专业，需要找到突破点、关键性证据

财务会计资料本身是非常庞杂的，从会计凭证、会计账簿，到各种财务会计报告，里面涉及经济主体日常运营中的方方面面。在如此庞杂的财务会计资料中，如何找到案件中涉及的财务会计问题需要的证据资料？从头到尾翻看一遍显然是不现实的，法务会计人员需要运用自己的专业知识找准突破点、找到关键性证据。例如，在违规披露、不披露重要信息罪案件的证据收集过程中，法务会计首先应判断出作案人使用的是哪种财务造假手段。如果是虚构交易式虚增收入的话，那涉及购销合同、增值税发票、银行进账单等凭证和账簿就是本案要查找到的关键性证据，而确定的财务造假手段（虚构交易式虚增收入的手段）就是本案要找到的突破点。这种通过突破点确定证据材料的方式，要远胜过漫天撒网式的收集方式，只是这需要法务会计有特别专业的知识能力和丰富的实践经验，否则是很难在短时间内找到突破点的。

（三）间接证据需要结合其他类型证据使用

财务会计资料证据，可以证明有人通过修改（包括虚构、篡改、删除等

方式）财务会计资料的方式进行违法犯罪活动，但并不能够证明具体作案人是谁，因此这些证据都属于间接证据。间接证据本身也是具有定案价值的，只不过需要结合其他证据一起才能够构成完整的证据链。例如，在违规披露、不披露重要信息罪案件中，法务会计人员查找到了关键性财务会计资料证据后，就完成了自己的专业使命，剩下的证据的收集就需要交给侦查人员来进行，如对言辞证据的收集等。最终，通过财务会计资料证据和言辞证据等就可以形成一个完整的证据链。

二、财务会计资料证据的收集方法

（一）收集范围

财务会计资料证据包括能够直接证实财务造假的各种直接资料，也包括那些通过间接意义能够起到证明作用的相关资料。

1. 会计凭证、会计账簿、财务会计报告

会计核算的过程，就是从原始凭证到记账凭证，再到会计账簿，最终到财务会计报告的过程。这个过程记录了经济主体全部的经济业务往来，因此是法务会计收集财务会计资料证据的主要方向。例如，违规披露、不披露重要信息罪的主要犯罪手段就是财务造假，而财务造假主要就是在会计凭证、会计账簿、财务会计报告中的造假，因此这些资料就是审查的主要资料。

2. 财务会计相关资料

除了上述资料外，会计主体在日常生产经营过程中，还会保留很多虽然不属于原始凭证，但也能够对经营过程起到证明作用的其他会计相关资料，如各种经营合同文件、各种有关权利证书、各种金融交易凭证或者结算凭证等。这些资料因其能够反映出、侧面印证会计凭证、会计账簿、财务会计报告内容的真实性，法务会计根据这些资料能够找出嫌疑账户，或者是哪些账

户应是重点审查的账户，因此，这部分资料也是极其重要的证据资料。

（二）收集路径

还是以违规披露、不披露重要信息罪为例，其犯罪手段主要是虚增利润，而虚增利润的方法主要是虚增收入和虚减费用。因此，财务会计资料收集的路径，就可以分为两个大的角度，一是从收入入手，二是从费用入手。

1. 从收入入手

收入，从记账凭证上看，可以体现在收入类科目上；从原始凭证上看，可以体现在收据、银行进账单、增值税发票等相关资料上。

例如，在检查原始凭证中的收据时，可以注意以下四点：一是收据存根是否齐全，即查看存根的编号是否从头至尾连续编号，有无缺号现象。二是收据存根上的金额是否与记账凭证上的银行存款入账金额一致，防止出现开具收据却未入账的情况。三是收据存根上的金额与合同金额、增值税发票金额进行对照，查看是否有签订阴阳合同、开具阴阳发票的情况。四是作废存根应仔细检查，看是否是三联齐全，如不齐全可能存在使用收据进行违法犯罪的可能性。

2. 从支出入手

支出，从记账凭证上看，可以体现在支出类科目上，如主营业务支出、营业外支出等；从原始凭证上看，可以体现在获取的各类发票、自制的各类报销单等相关资料上。

例如，在检查原始凭证中的发票时，可以注意以下三点：一是看发票的基本信息有无涂改痕迹，日期与经济业务基本信息有无矛盾之处。二是看发票开具的单位是否与往来单位一致，由此可查出借助其他单位开具虚假发票的情形。三是重点看发票上记录的单价、数量是否与经济业务本身一致，由此可查出作案人利用职务便利虚开价格等情形。

3. 入手后的收集路径

通过收入、支出两条主线入手之后，接下来需要关注往来账项、银行存款账户以及一些造假问题多发的账户。例如，违规披露、不披露重要信息罪的财务造假行为，通常会在这些账户上做文章，也是因为这些账户造假更加容易。但不论是何种造假手段，一定会留下蛛丝马迹，因此法务会计对这些账项进行重点审查，就会有所发现。

往来账项，是经济业务发生时存在的一些债权债务关系，例如应收应付款项、预收预付款项、其他应收应付款项等。本来在经济业务发生的过程中，出现一些应收应付等都是非常正常的，但有些不法分子可能会借助这种正常的债权债务关系从中牟利，如将预收款项挪作个人使用等行为。

银行存款账户，能反映出单位收入、支出的所有内容，是法务会计人员需要重点关注的账户。如果银行存款账户出现异常，可能存在以下两种可能：一是作案人收到的金额未计入银行存款账户，挪作他用；二是银行存款账户资金被提取出，挪作他用，最终可能归还，也可能案发时仍未归还。

其他问题多发账户，例如坏账损失账户，因其具有调节当期费用的功能，经常被牵扯到财务造假中。同样功能的还有资产减值损失等相关账户，道理都是一样的，虽然《企业会计准则》对此有严格规定，但仍有许多单位铤而走险，任意调整折旧方法、减值损失计量方法。

三、财务会计资料证据的调查取证方法

法务会计取证时，可综合考虑多种调查取证方法。

（一）利用勾稽关系进行重新计算、比对

例如，期末所有者权益账户余额应等于期初所有者权益账户金额、当期净利润金额、当期股东投入金额之和，减去股利分配金额。再如，期末分配利润应等于期初未分配利润、净利润之和，减去股利分配金额。这种利用账

户的数据之间的勾稽关系计算、比对的方法，可以查找到嫌疑账户。查找到嫌疑账户之后，下一步要做的就是针对与嫌疑账户有关的账户、账簿、报表内容进行重点审查。

（二）利用会计信息进行重新做账、重新处理

这一步就相当于是按照被审查单位的业务流程，对被审查单位的账务重新处理一遍。这个方法耗时多，但更加准确可靠，主要用于被审查单位账目一片混乱，基本理不清任何头绪的情况下。与其一遍遍进行勾稽关系的计算找寻嫌疑账户耽误时间，不如重新处理效果好。

（三）函证、盘点、询问知情人等方法

函证，一般是发向与被审查单位有关的合作方，例如被审查单位的供货商、下流的批发商、零售商等。向对方发函证，是为了针对嫌疑账户（也可能是普遍发函证，没有嫌疑账户）的财务数据进行核对。函证本身不能完全排除嫌疑，但可以与其他方法进行补充证明。

盘点，是对财务数据中涉及实物的账户（存货、固定资产等）数额进行实地盘点。法务会计的身份是独立于第三方的，其独立性决定了盘点时会不受任何干扰进行客观地审查。实地盘点只能代表盘点时存货或者固定资产是存在的，但不能代表这些实物是属于被审查单位的，所以盘点的结果只能作为参考，还需要与其他方法结合起来综合考虑。

询问知情人，是对可能了解被审查单位经营流程、财务核算流程的人员进行询问，法务会计通过对知情人的询问可以了解到一些之前没有留意到的关键点。例如，如果对仓库保管员进行询问，可了解到仓库实际库存量、库存变化（可能存在领导指示发货却并未入账的情况）或者库存量与账目不符等情况。再如，如果对运输车辆的司机进行询问，可能发现运输量与账目不符的情况，或者是运输物品以次充好等情况。

总之，函证、盘点、询问知情人等方法，在审查时会起到一定辅助作用，法务会计可根据这些结果找到嫌疑点，再继续审查。

四、法务会计证据收集手段举例——以内幕交易、泄露内幕信息罪为例

近些年,随着金融创新的一步步发展,金融领域尤其是资本市场的创新活动已经是大势所趋,许多不法分子就利用这些变化的契机进行利益输送,有的自己直接参与到内幕交易中,有的是为了利益的关系向别人泄露内幕信息。这些行为都严重影响到了国家的金融安全,影响到了证券市场的平稳发展,给市场经济的健康、有序发展带来了较大的风险。

针对内幕交易、泄露内幕信息罪,法务会计参与审查财务会计资料时,主要目的有以下四点:一是审查犯罪嫌疑人所得到的信息,或者犯罪嫌疑人泄露的信息是否属于内幕信息[①];二是审查确认内幕信息敏感期,以判断内幕交易、泄露内幕信息发生的时间是否属于敏感期之内;三是审查犯罪嫌疑人在内幕信息敏感期之内所进行的投资活动、获取的收益等;四是审查犯罪嫌疑人的投资活动、犯罪嫌疑人泄露内幕信息的行为所应承担的经济责任、法律赔偿金额等。

针对以上需要审查的、解决的问题,法务会计可采取以下证据收集手段:

(一)审查股东会的重大决议,以确定内幕交易敏感期

股东会的重大决议中会体现内幕信息形成的时间,法务会计要对此特别重视。除了获取会议记录,还需要重点关注嫌疑人进行投资时遗留下来的会计资料痕迹,以此来判断嫌疑人投资的时间是否属于内幕信息形成之后至公开之前这段时间内。

(二)审查公司的重大投资筹资行为,以确定内幕交易是否真实存在

公司的重大投资筹资行为,也属于内幕信息。首先,法务会计需要根据

[①] 《证券法》规定:证券交易活动中,涉及公司的经营、财务或者对该公司证券的市场价格有重大影响的尚未公开的信息,为内幕信息。

公司投资筹资的规模判定是否属于内幕信息，即判定该投资筹资行为是否会对股票价格产生显著影响。其次，法务会计需要收集投资筹资的相关财务会计资料，以确定犯罪嫌疑人采取的投资行为是否存在于内幕信息敏感期之内。

1. 投资活动

法务会计重点审查投资活动的合同内容、发生时点。这两项内容，都需要公司管理层进行审批，因此法务会计可通过管理层获取审批单，或者是董事会会议的决议（会议纪要），这些资料可证明投资活动形成决议的确切时间。同时，法务会计还需要通过相关账目的金额来确定投资活动的金额，如长期股权投资等账户，这些金额有助于核算该项投资活动是否属于内幕信息范围内的活动。关于这些金额的确定，除了账户信息外，法务会计还可以向对方（供货商等）进行函证，以更加准确地确定投资金额。

2. 筹资活动

法务会计同样需要重点审查筹资活动的合同内容、发生时点。同样，需要关注管理层审批的时间点，或者是董事会会议决议的时间点，以此来确定筹资活动的确切时间与犯罪嫌疑人采取的投资行为的确切时间是否吻合。判断筹资活动是否属于重大筹资活动，可以根据董事会审批的意见或者是相关合同来进行判断。

（三）针对上市公司的重大交易进行审查

上市公司的重大交易也属于内幕信息，法务会计在对其进行审查时需重点关注以下两点：一是重大交易形成的时间点。这是决定犯罪嫌疑人的投资决策是否与内幕信息的泄露有关的关键信息，这一时间点可通过董事会的决议或者是交易合同的记载来获取。二是重大交易的金额应进行详细计算。是否为重大交易，是判断犯罪嫌疑人是否利用内幕信息进行投资决策的一个基础条件，只有是重大交易的内幕信息的泄露，才会构成本罪。

(四) 计算内幕交易非法所得的金额

内幕交易的非法所得，直接决定了犯罪嫌疑人的赔偿金额。非法所得由两部分内容组成，一是犯罪嫌疑人投资决定买入或者卖出的所得，二是犯罪嫌疑人利用内幕信息在股市上投资的所得。

第十节 法务会计发展展望

当今中国已进入了依法治国的新时代，这是一条社会主义建设走向新阶段的必经之路。法务会计在我国的产生和发展，一直都与社会主义法治建设息息相关，随着法治建设的深入发展，随着依法治国理念的深入人心，法务会计的未来也会走向更专业、更健康的发展道路。

一、外部环境将会更加有利

在依法治国的整体环境下，法务会计活动的外部环境将会更加有利于法务会计的发展。从三大诉讼法的进一步完善之后，我们就可以看到越来越多的法律法规已经对法务会计的活动环境进行了规范和引导，也有越来越多的复合型人才加入到了法务会计的大军之中，还有越来越多的中介机构正在拓展法务会计相关业务。所有的这些变化，都有赖于我国健康、有序的法治环境，良好的外部环境为法务会计的发展提供了更广阔的发展空间。

二、管理体制将会更加健全

司法会计鉴定机构，目前是属于"四大类"鉴定机构之外的司法鉴定机构，准入门槛放低之后,将会迎来更广阔的市场和发展前景。涵盖了司法会计业务范围的法务会计,自然也会在此优胜劣汰的作用下,面临着更大的竞争,但是竞争过后将会是大浪淘沙下的更专业、更有实力的业务团队。这样的团队,自然会提高法务会计业务的发展能力,也会提高法务会计业务的综合质量。

三、业务领域将会更加全面

法务会计在国外经过了一百多年的发展,大部分法务会计业务都集中在财务舞弊审查这方面;而在我国法务会计发展的这二十多年间,大部分的法务会计业务都集中在司法会计鉴定这方面。随着法务会计在我国发展的时间越来越长,各项环境和制度越来越健全之后,法务会计的业务领域也会更加全面。财务舞弊审查业务在我国一定会得到进一步的发展,也许有一天也会成为法务会计业务中占比最大的一个领域。

四、准则制度将会更加完善

在司法部、财政部、中国注册会计师协会等各部门共同协作的基础上,再加上法务会计专家、学者们的共同努力下,我国法务会计行业准则一定会顺利出台。到时,无论是司法会计检查还是鉴定,无论是财务舞弊审查还是损失计量,都会做到有章可循。当准则制度得到完善之后,法务会计的业务量将会出现井喷式提高,当前的被动局面一定会得到改善。

五、人才队伍将会更加专业

现阶段,法务会计复合型人才的需求量仍然非常大。并且,现有的法务会计专业人才还存在部分专业知识并不很扎实，即不具备复合型知识的人才。未来，随着法务会计高等教育体制的改革和完善，随着法务会计培训市场的规模越来越大，法务会计复合型人才的培养将会成为社会热门。未来会有越来越多的大学生、研究生们选择法务会计专业，也会有越来越多的中介机构为法务会计人员安排各种培训活动。到那时，法务会计将成为整个社会的热门专业。

六、学术成果将会更加丰硕

我国已经成立了法务会计的学术组织，即中国法务会计研究会。在专业的学术组织的带领下，通过积极举办各种学术会议、学术讲座进行交流、沟通，通过各种研究项目的申报与审批，通过学术界与实践界的各种合作、协作，我国法务会计专业的学术氛围将会越来越浓厚，也会涌现出越来越多的学术成果、专家、学者。学术成果可以指导实践活动，实践活动也会反过来指导学术研究，二者结合起来，会更好地促进法务会计领域的健康、有序发展。

总之，经济越发展，经济领域的犯罪类型也将越来越丰富，市场经济中的财务舞弊行为也会愈加复杂，而以打击经济犯罪、审查财务舞弊为己任的法务会计将会迎来越来越重要的发展阶段。

第六章 司法会计学科体系

财务会计资料的专业性、复杂性，决定了只有具备相关专业能力的人才能够在经济案件中清楚地解读其中的含义。因此，一门专门研究诉讼活动中如何运用会计、审计知识的学科——司法会计学就应运而生了。

本章我们从司法会计学的研究对象出发，对司法会计学的学科属性、学科体系等内容进行系统阐述。通过这些分析，希望能为读者们呈现出一个完整的学科体系的轮廓，为后续探讨人才培养的问题打下基础。

第一节 司法会计学的概念及其学科属性

研究司法会计的活动规律，即目的、职能、原则、技术、程序等一切理论与实务的内容，都是司法会计学的范畴。

一、司法会计学的研究对象

司法会计学,是研究社会上某一特定领域活动规律的学科,具体来说就是研究诉讼活动中应用会计与审计技术进行检查和鉴定的这一类社会活动的规律性。这样说,还是太抽象了,我们可以用举例的方式进行形象说明。

例如,在一起职务侵占案件(库存商品的职务侵占)中,司法会计活动可以分成三步:一是检查被侵占单位财务会计资料中关于"库存商品"账户的相关信息,查看是否有少记的情况,主要可采取的方法是查看原始凭证的真实性和完整性,向供应商进行函证等方法。二是对仓库进行实地盘点,将实地盘点的数额与财务会计资料中的账户数额进行核对,检查时注意以次充好、以假充真等现象。三是进行计算,确认被侵占单位实际被侵占的数额。此案例说明,针对不同的证据应采取不同的获取证据的手段,即不同的司法会计检查对策,这就是司法会计检查活动的规律性。

再如,在一起欺诈发行股票案件中,上市公司的欺诈发行行为,导致投资者产生了较大的利益损失(股票波动产生的利益损失),这个利益损失如何进行核算,核算出来的金额对投资者的民事赔偿问题有非常重要的意义。这就涉及财务会计问题的鉴定,该鉴定事项即鉴定上市公司的欺诈发行行为给投资者带来了多少利益损失。这个鉴定涉及上市公司的财务会计资料记录、股市大盘的波动情况、投资者现有的利益损失等数据信息,司法会计鉴定人需要做的是选择一种方法,将投资者现有的损益减去大盘波动带来的损益,最后得出的将是因上市公司的欺诈行为给投资者带来的损益。此案例正是针对财务会计问题的鉴定,整个鉴定过程反映的就是司法会计鉴定活动的规律性。

二、司法会计学科属性

(一)司法会计学的学科归属问题

司法会计产生之初,就有很多学者对其学科归属问题产生争论,争论的焦点就是司法会计学应属于管理学（会计学）还是法学。

主张将司法会计学归属于管理学（会计学）的学者，是将司法会计学看成是与财务会计、管理会计、智能会计等会计分支相同的一门会计学的分支学科。但是，我们仔细分析下就会发现，司法会计学完全不符合会计学的基础理论，例如会计学的职能是核算和监督，而司法会计学与核算和监督的职能相去甚远。

主张将司法会计学归属于法学的学者，是认为司法会计学是发生在诉讼领域的利用会计与审计的方法进行检查和鉴定的活动，因此，司法会计学是属于法学的分支。笔者也赞同此观点。司法会计学确实是发生在诉讼领域的活动，无论是检查活动还是鉴定活动，都离不开法律思维、侦查思维，而会计与审计的方法只是为达到法律目的的一种技术手段而已。

此外，法务会计与司法会计像是我们从国外引进的一对孪生兄弟，它们在近三十年间先后来到了我们国家，也先后进入快速发展阶段。但是，二者并不是相同的含义，法务会计的职能要明显多于司法会计，法务会计除了具备司法会计的诉讼职能以外，还具有财务舞弊审查、损失计量等职能。因此，我们可以这样理解，司法会计是肯定属于诉讼领域的活动，但是法务会计却不仅仅限于诉讼领域，法务会计更应该属于是管理学（会计学）的分支。

讨论司法会计学的学科归属问题，不仅仅是为了将其划分到哪个一级学科之下，更多的是为其人才培养问题进行长远规划。我们只有首先弄清楚了司法会计学的学科归属问题，才能够在设置人才培养方案时有的放矢，才能够根据学科的特点量身定制最适合的方案。

（二）司法会计学属于证据法学

应用法学是法学的一大分支，另一大分支是理论法学。司法会计学应属于哪一个分支呢？很显然，司法会计学是研究具体应用问题的，所以属于应用法学。

应用法学中又按照内容划分为实体法学、程序法学、证据法学。从这三项内容中，我们可以分析出司法会计应属于证据法学。这主要与司法会计学

司法会计基础理论研究

的活动规律有关。司法会计学的最终目的就是向侦查人员或者是委托人提供司法会计检查报告或者司法会计鉴定意见，这些都属于证据的一部分，所以司法会计学必然属于证据法学的分支。按照上述分析，笔者画了一个司法会计学的属性图，如图6-1所示。

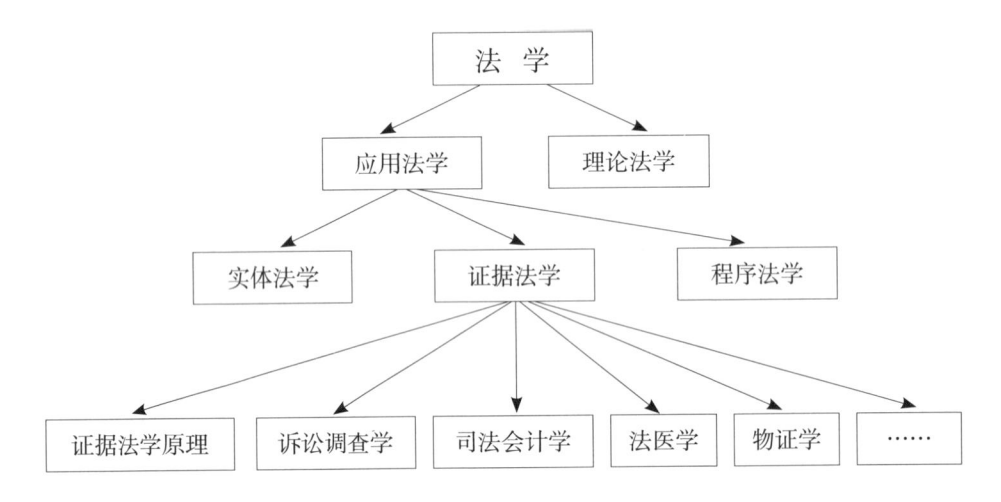

图 6-1 司法会计学属性图

第二节 司法会计学科体系

20世纪80年代后，司法会计在我国开始走入了快速发展之路，此后三十多年间，对司法会计学科体系的研究就是广大专家、学者们的重要课题。但是至今，国内专家、学者们对这个问题还没有形成一个统一的认识，这已经严重影响到了我国司法会计人才的培养和司法会计实践活动的进行。笔者认为，理论指导实践，学科体系指导人才培养，没有一个完善的学科体系的规划，我们的司法会计实践活动将是无本之木、无源之水。因此，现阶段，如何设计、完善一个司法会计学科体系，是当前司法会计学术界、实务界急需解决的问题。

一、司法会计学科理论构成

对司法会计学科体系的研究，笔者秉承着"先理论后实践再理论"的思路，借鉴其他证据法学的学科体系建设思路，设计了一个学科体系构成图，如图6-2所示。

```
司法会计学
├── 司法会计基本理论
│   ├── 司法会计学概论
│   │   ├── 司法会计概述
│   │   └── 司法会计学概述
│   └── 司法会计学原理
│       ├── 财务会计原理
│       ├── 司法会计主体及标准
│       ├── 司法会计风险及防范
│       └── 司法会计人才培养
├── 司法会计检查理论
│   ├── 司法会计检查原理
│   ├── 司法会计检查技术
│   ├── 司法会计检查程序
│   └── 司法会计检查对策
│       ├── 刑事诉讼的对策
│       ├── 民事诉讼的对策
│       └── 行政诉讼的对策
└── 司法会计鉴定理论
    ├── 司法会计鉴定原理
    ├── 司法会计鉴定技术
    └── 司法会计鉴定程序
```

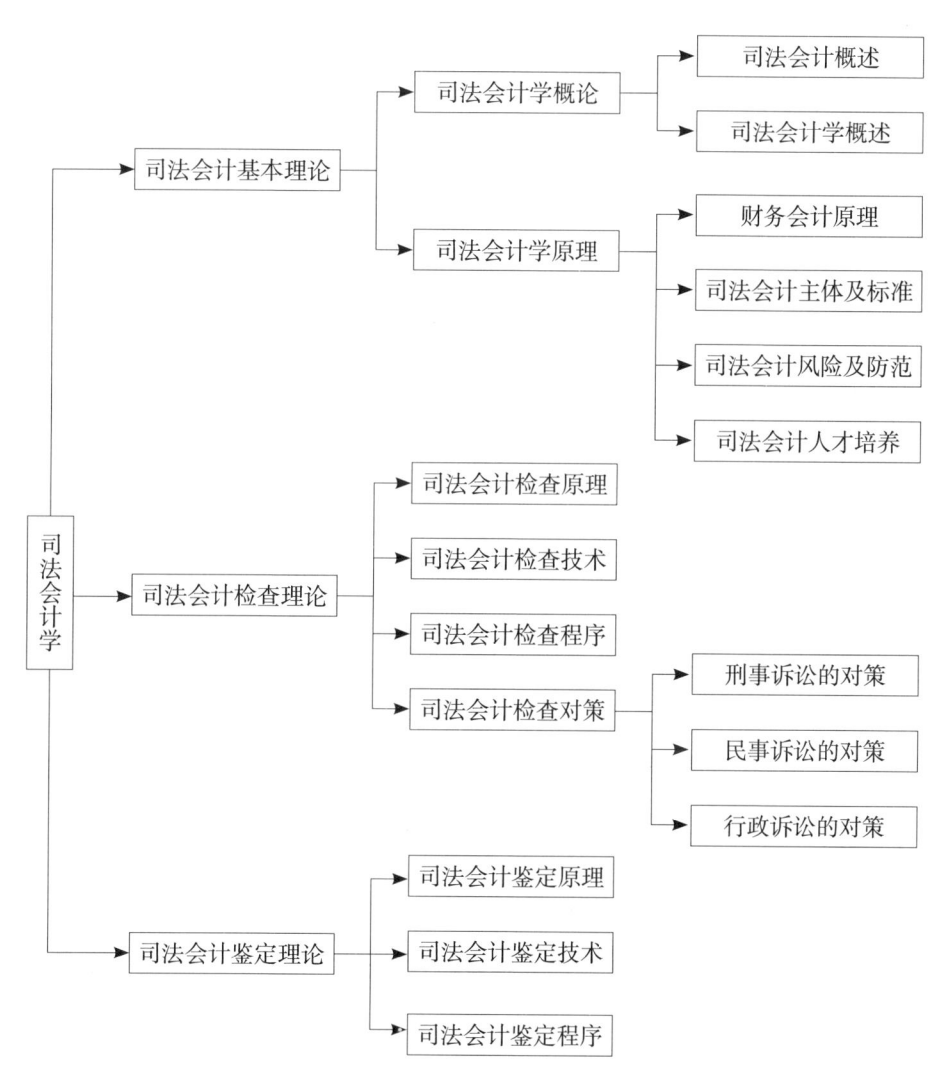

图 6-2 司法会计学科构成图

以上司法会计学科体系，是按照"二元论"的司法会计理论构建的。从司法会计实践的角度讲，司法会计检查与司法会计鉴定存在着较多不同的地方，如任务、目标、事项、结果等均有不同。因此，将司法会计检查理论与司法会计鉴定理论分别进行研究、分别设置相应的学科体系，这一步是非常合理的，也符合司法会计实践的要求。

二、司法会计学科理论研究的成果及趋势

对司法会计学科理论的研究，我国的理论界尚存在较多有争议的地方，也存在许多急需解决的问题。

一是有的学者在构建司法会计学科体系时，会习惯性地将会计学作为司法会计学的理论基础，而忽略了司法会计中"司法"二字的含义，这就为司法会计学的理论研究带来了片面性。

二是有的学者在构建司法会计学科体系时，会简单地将会计学、法学的学科体系成果综合起来，照搬到司法会计学科体系的设计上，这就使得司法会计学失去了本身学科的意义，而变成了会计学、法学二者的简单叠加内容，会让司法会计学变成无法自圆其说的学科。

综合以上问题，我国目前司法会计的研究存在以下两种主要代表观点，即俗称的"一元论"和"二元论"。笔者自从研究司法会计领域开始，就倾向于"二元论"的观点，对"二元论"的理论模式是非常认可的。主要有以下三点想法：

首先，无论是司法会计检查，还是司法会计鉴定，都是诉讼活动的一部分，它们参与诉讼活动在三大诉讼法中都是有相关规定的，这些规定为它们参与诉讼活动提供了法律依据。

其次，司法会计检查活动和司法会计鉴定活动，在活动的任务、方法、事项、结果等方面还存在着较大的差异，而且它们有时是前后衔接的关系，并不是互相替代的关系。因此，在理论上对二者进行分别研究是非常有必要

的，有利于我们司法会计学科体系的发展和完善。

最后，司法会计学科体系的完善需要全体专家、学者、从业人员等的不断努力，通过理论来指导实践，再从实践中汲取经验来完善理论。按照这样的方式，我们的司法会计学终将成为一门优秀的学科。

第七章　司法会计人才培养

我国的司法会计工作，从建国初期只包括司法会计鉴定开始，到后来随着改革开放的深入，司法会计检查、司法会计鉴定都被提上了日程，直至现在法务会计也开始繁荣起来。但是当前有一件非常紧迫的事情急需解决，那就是司法会计人才培养的压力越来越大，我们需要找到一个适合司法会计人才培养的模式。

笔者认为，司法会计人才培养需要将高等院校的培养与社会专业培训结合起来，两个方向缺一不可。本章将从这两个角度分别展开论述，希望能够为读者呈现出一个相对完善的培养模式，为我国司法会计人才的培养提供一些改革思路。

第一节　我国司法会计人才培养的紧迫性

改革开放之后，我国经济迅猛发展的同时，经济犯罪案件的数量、涉案金额、作案手段等也在"迅猛发展"。尤其是近些年，随着高智商犯罪案件的频发，各种各样的作案手段层出不穷，涉及会计、审计的专业证据收集越来越多。而侦查人员受到专业能力的限制，确实是疲于应对。因此，我国现阶段急需一大批具有法律、会计两个专业的复合型知识和能力的司法会计专业人才。自20世纪90年代以来，我国在高等教育改革中就更加倾向于培养高层次的复合型人才[①]，这些人才是未来促进我国司法会计健康、有序发展的生力军，是中坚力量。

一、司法会计活动必不可少

在我国依法治国的大背景下，法治化建设进程就决定了司法会计活动在当前以及未来相当长的一段时间内，一定是我国经济生活中必不可少的一项活动。但是由于司法会计人才的严重不足，我们的司法会计活动也会受到相应的影响，这一方面会影响到司法机关的相关业务，另一方面也会影响到司法会计学科的发展。因此，从司法会计活动的角度来说，司法会计人才培养绝对是当前急需解决的难题。

二、司法会计人才供不应求

我国现阶段还需要多少司法会计专业人才？这个数量不好估计，但是我们

---

① 1993年，《中国教育改革和发展纲要》首次提出高等教育系统要重视培养复合型人才。《国家中长期教育改革和发展规划纲要（2010-2020年）》与2018年教育部等三部委印发的《关于高等学校加快"双一流"建设的指导意见》强调培养能力突出的高层次复合型人才。2019年2月，中共中央、国务院印发《中国教育现代化2035》再次强调加大复合型人才培养比重，以适应市场经济发展需要。2020年11月3日，教育部新文科建设工作会议发布《新文科建设宣言》，提出"推动融合发展是新文科建设的必然选择，进一步打破学科专业壁垒，推动文科专业之间深度融通、文科与理工农医交叉融合，融入现代信息技术赋能文科教育，实现自我革故鼎新"。

仅从司法机关一个角度来分析，这个人才缺口至少在三万人以上，若是再加上其他的角度，这个人才缺口应该会在十万人以上。除了数量上的问题不好解决，我国现在还面临着一个质量上的问题，那就是现有的司法会计专业人才并不全是复合型专业人才，他们有的只具备法律或者是会计一个方面的知识、能力，但因为现阶段人才的紧缺性，才使得他们临时充当了司法会计专业人才。

所以，无论是从数量上看，还是从质量上看，我国在司法会计人才这方面都处于供不应求的局面，现阶段完全不能够满足政府、市场等各个环节的需求，这是当前急需解决的难题。

三、司法会计培养模式急需建立

司法会计人才培养，只靠高等院校或者只靠社会培训，都不能从根本上解决问题。因此，只有将二者结合起来，才有可能建立一套行之有效的培养模式。

高等教育方面，从本科到研究生，从研究方向到专业设置，都需要经过大量的论证；社会培训方面，从职称到执业资格，从继续教育到定期培训，都需要经过精心的设计。接下来，我们会在后续的章节中对此进行详细阐述，这里就不再赘述了。

第二节　司法会计高等教育培养模式

一、高校在培养司法会计人才中责任重大

教育历来是国之根本。我们对人才的需求，首先应想到高等教育阶段的培养。司法会计学，在高等教育中的探索已经有 20 多年的历史了，最早可以

追溯到 20 世纪初就开始设立司法会计方向的那几个学校，如云南财经大学、华东政法大学等。除了本科教育的培养，我国还开始了在研究生教育中增设"舞弊审计与法务会计"的培养方向（2004 年，复旦大学），这也成了我国在研究生等高学历层次中的培养开端。研究生的培养，为我国司法会计理论研究、教学研究等方面输出了专业型人才，为更好地指导实践工作奠定了基础。

国内各大高校虽然已经在司法会计人才培养上进行了探索，但是这些探索还是远远不够的，还没有形成体系，没有形成应有的规模。例如，目前为止，司法会计仍然是作为一个"方向"出现在高等教育中的，还没有形成一个专业。再如，司法会计目前仍然是在会计学院（管理学院、商学院）或者是法学院下进行的方向性培养，还没能够独立成院，因此也没有能够形成一定的规模。所以，高校在司法会计人才培养方面还有一段很长的路要走，任重而道远。

二、目前我国高校在培养司法会计复合型人才中的不足之处

（一）培养模式滞后

司法会计是新兴的跨学科的专业，目前尚未列入教育部认可的专业目录中，仍处于高校自由发展时期。目前，我国已有部分高校开设了司法会计（法务会计）方向，有的设在法学院，有的设在商学院、管理学院、会计学院等，具体情况如表 7-1 所示。

表 7-1：目前我国高校开设司法会计（法务会计）专业（方向）情况

高校	专业（方向）	学院
云南财经大学	会计学专业（法务会计方向）	会计学院
华东政法大学	会计学专业（司法会计方向）	商学院

表 7-1：目前我国高校开设司法会计（法务会计）专业（方向）情况　　续表

高校	专业（方向）	学院
渤海大学	财务管理专业（法务会计方向）	工商管理学院
南京审计大学	法务会计学科	法学院
兰州商学院	法学专业（司法会计方向）	法学院
西南政法大学	会计学专业（司法会计方向）	管理学院
中国政法大学	会计学专业（法务会计方向）	商学院、民商经济法学院
江西财经大学	法学专业（法务会计方向）	法学院
沈阳建筑大学	法务会计学科	管理学院
福建工程学院	法学专业（法务会计方向）	法学院

综上可知，我国目前开设司法会计（法务会计）方向的大学，主要集中于政法、财经两大类，极个别的建筑等工科院校开设该方向是与工程造价、项目投资有关的复合型方向[①]。并且，我们从各个学校的官网中也可看出，他们的司法会计（法务会计）方向大多设置于法学院、商学院（管理学院、经济学院等），这也充分体现了法学与会计学科的交叉融合性，但这件事情具有两面性。一方面，在法学院、商学院下设司法会计（法务会计）方向，教师和学生对该学院的专业科目较为熟悉，再过渡、融合到司法会计方向更为容易一些；另一方面，师资力量从这两个学院调配会变得融合性不足，因为这两个学院老师一般只专注于法学，或者只专注于会计，真正能够融合法学与会计的老师屈指可数，这一点可能会潜移默化地影响到学生。例如，在法学

---

① 沈阳建筑大学正在进行法务会计学科建设中，课程内容与房地产建筑、造价有关。福建工程学院设置法务会计方向，与工程建设项目投资与融资、知识产权法等复合型方向有关。

院下设的司法会计（法务会计）方向，最终可能导致学生针对法学的专业学得还是很不错的，但开设出来的会计专业课程，要么学得不够理想，要么虽学得理想，却不懂得如何跟法学专业进行融合。更有可能出现的是，在法学院进行的各项校内模拟法庭活动或者社会实践活动，都会更倾向于法学内容，最终对会计或者会计与法学的融合性内容变得比较缺乏，最终导致学生无法成为真正的复合型人才。

（二）课程设置缺乏系统性

司法会计这门学科，与其他的学科一样，都应有自己的学科体系。高等教育阶段的学生按照自成体系的司法会计学进行学习，这才是正确的课程设置。但是，由于司法会计在我国的发展、理论研究等实在是太晚了，目前也就仅有不到三十年的时间。虽然这三十年来，确实有不少专家、学者已经在司法会计的学科体系等理论问题上发表了自己的见解，也有的专家、学者形成了自己的独到见解，但是，司法会计学尚有许多问题没有解决，尚存在许多有争议的地方。鉴于此，要想解决司法会计课程设置缺乏系统性的问题，就需要首先解决司法会计学科体系构建的问题，而且这个学科体系的构建绝不是某一个专家、某一个学者自己就可以完成的，需要大家的共同努力。

当我们解决了学科体系的问题后，课程设置就会迎刃而解了，就不会出现现在这样几乎全是会计学、法学等相关专业拼凑而成的课程，几乎没有司法会计学科自身的专业知识的现象了。

（三）师资力量薄弱

目前，司法会计方向一般设在会计学院（管理学院、商学院）或者是法学院，这样的设置必然会导致教师几乎都是来自这两个学院的老师，而且几乎都是专业比较单一的老师，即要么具有会计学的专业能力，要么具有法学的专业能力，真正被需要的复合型教师少之又少。专业比较单一的老师，很难从司法会计学科角度出发对学生进行专业性的培养，他们通常会把目标局限在会计学或者法学其中之一上，这对司法会计人才的培养是十分不利的。

同时，司法会计人才培养，不能仅仅局限于课本上的理论知识，还需要给学生提供丰富的实践机会。这个实践机会既包括校内实践，也包括校外实践。校内实践上，由于司法会计方向在会计学院或者法学院里都不受重视，因此校内的实践活动通常会只针对其他专业学生，很少设置符合司法会计方向的实践题目。例如，法学院里设计的校内对抗赛，更多的人会选择刑事案件的法庭对抗，而经济案件通常属于边缘性的题目，由于教师（法学院的教师）对此都不十分熟悉，更别说带领学生对抗了。校外实践上，受专业领域的限制，学校为学生提供的校外实践机会可能会局限于某一个领域。例如，法学院会为学生提供检察院的校外实践机会，而检察院的实践是很少会接触到司法会计案件的（概率非常低），这对司法会计方向的学生来说就会丧失了通过实践来提高专业能力的机会。

第三节　我国高等教育阶段培养司法会计复合型人才的策略

一、开设司法会计专业

如果司法会计一直只是一个方向，那在高校培养人才的过程中将会收效甚微。原因有以下两点：

一是"司法会计方向"的本科生，找不到学习的"方向"。司法会计方向学生的主要课程应是司法会计理论与实务的课程，但是由于司法会计方向是开设在会计学院（管理学院、商学院）或者是法学院下，必然会开设相当多的会计学课程或者是法学课程，这些课程虽然也是司法会计学的基础，但是如果只学这些课程，学生最终就会偏离了学习的方向。同时，由于会计学、法学这两种学科本身就已经非常难学了，专业性非常强，司法会计方向的学生如果一下子学两门专业性这么强的学科，会有种疲于应对的感觉，最终可能会导致没有一门课程学好，得不偿失。

二是"司法会计方向"的研究生培养更加找不到"方向"。目前来看，司法会计方向的研究生，本科却通常不是司法会计方向。这些研究生，在本科阶段可能根本没有接触过会计学，或者是没有接触过法学。那到了研究生阶段，他们如果想深入研究司法会计学，就需要补充很多本科生应学的基础知识。我们大家都知道，司法会计学的基础知识真是浩如烟海，整个研究生阶段如果全都用来补充基础知识，那还有什么精力进行学术上的深入研究呢？因此，这些研究生们在上研究生之后，就会犹豫不决，经常因为找不到学习的方向而苦恼。

综上，笔者认为所有这些难题的根源就在于司法会计方向的培养，如果尽早将司法会计专业引入到我们的高等教育中，在本科开设司法会计专业，在研究生阶段开设司法会计专业（这些研究生更多的是来自司法会计专业的本科生），那效果就会截然相反。

所以，我们需要考虑的首要问题就是在高等教育里开设司法会计专业，制定完善的专业发展规划，也许这个专业发展规划短期内还有可能不那么完善，但是随着司法会计专业的逐渐发展、成熟，我们的专业发展规划也将会是越来越适应司法会计专业的需要。同时，有了司法会计专业，对司法会计的理论研究与实践探索，都更加方便，学生们也会得到更多的锻炼机会。专业建设就是这样一点一滴建设起来的，只有有了专业这一平台，司法会计才能够长足发展，司法会计的复合型人才能够从星星之火走到燎原之势。

二、完善课程体系

（一）完善专业课程设置

对司法会计进行专业培养后，首先要考虑的就是专业课程的设置问题。目前，司法会计一直是按照方向来进行培养，它的课程设置存在两个问题：

一是绝大多数学校对司法会计方向的培养，都是简单地将会计学、法学课程进行叠加，然后再加上一门到两门司法会计学基础理论课程。这种课程设置，完全体现不出司法会计的专业特点，只能是过渡时期的过渡办法。如果长期按照这样的方式对学生进行培养的话，我们很难培养出真正的司法会计复合型人才，培养的几乎都是"双学位人才"。

二是司法会计学是融合了会计学、法学两个学科知识，又进行了深度建设的学科，因此它的知识含量较别的学科更多一些，如果还是沿用四年制本科培养学制的话，学生们确实很难完成既定的培养方案。

如果我们按照本科四年学制来进行课程设置的话，如表7-2所示。

表7-2：四年期司法会计专业课程学习规划

年级	课程设置	备注
大一	基础会计、法律基础（民法、刑法等基础）、信息技术基础、金融业务基础等	加强基础理论学习
大二	中级财务会计、财务管理、审计、税法、经济法、证券法、公司法等	深入学习专业知识，增加深度、广度
大三	司法会计基本理论、司法会计检查理论、司法会计鉴定理论等	进行司法会计专项学习
大四	司法会计实践、毕业设计	强化实践能力、理论联系实践

从以上的专业课程设置中，我们可以看出学生的学习压力将是非常大的。本来，分别学习的法学、会计学两个专业的核心课程，现在要让同样是四年学习时间的司法会计专业的学生进行学习，并且司法会计专业的学生还要学习司法会计学科的理论知识，确实是没有办法实现更好的学习效果。

因此，笔者有一个大胆的建议，司法会计学既然是一门融合了法学和会计学的复合型学科，同时法学和会计学分别来说都是一项非常难且专业性非常强的学科，为不给学生增加更多的学习负担，为提高学生学习的最终效果，我们可以效仿医学专业的设置,将司法会计专业的学习年限增加为五年。五年如果好好设计一下的话,效果会变得非常好的。但是笔者的这个提议,也是具有两面性的。一方面,五年的学制,确实能为司法会计带来更优秀的专业设计,带来更优秀的毕业生,学习效果有保障,毕业生的工作能力也会更有保障;另一方面,五年的学制,很可能会让不少学生望而生畏,为未来考虑可能会有不少学生选择放弃该专业,毕竟专业学习时长多了一年。

表 7-3:五年期司法会计专业学习规划

年级	课程设置	备注
大一	基础会计、法律基础(民法、刑法等基础)、信息技术基础、金融业务基础等	加强基础理论学习
大二	中级财务会计、财务管理、审计、税法、经济法、证券法、公司法等	深入学习专业知识,增加深度、广度
大三	司法会计基本理论、司法会计检查理论、司法会计鉴定理论等	进行司法会计专项学习
大四	民商事案件司法会计鉴定实务、经济犯罪案件司法会计鉴定实务	进行司法会计鉴定的分类型学习,不同类型鉴定实务有较大区别
大五	司法会计实践、毕业设计	强化实践能力、理论联系实践

(二)培养职业道德观念

司法会计人员所需具备的职业道德分为两类,一是专业能力,二是职业操守。

专业能力,即司法会计人员承接司法会计检查或者鉴定业务时所具备的专业能力。这一能力为什么可称为是职业道德的一部分?我们可以举例说明。如果司法会计人员不具备专业能力,却在司法会计活动中出具鉴定意见,而且这一鉴定意见将要在法庭中作为诉讼证据的一部分，可能会对整个案情产生巨大的影响。如果真是这样的话，司法会计人员的行为，就相当于是欺诈行为，是不道德的行为。所以，专业能力，应是培养学生职业道德观念的第一步，是学生步入社会必须要具备的能力。

职业操守，是指司法会计人员在从事司法会计活动的过程中，必须秉持的公平、公正、独立、客观的理念和意识，同时还要注意保密性等相关要求。公平、公正、独立、客观，是作为司法会计人员必须具备的操守，司法会计人员必须置身于案件之外，不能因个人关系而卷入到利益之争中，以至于影响了最终鉴定意见的效力。保密性，也是司法会计人员必须具备的品德，这与司法会计活动的特点和性质有关。因为司法会计活动，是与诉讼活动息息相关的，司法会计人员在该活动中肯定会掌握许多与案件有关的信息，这些信息可能涉及尚不能公开的案件资料，也可能涉及案件当事人个人的隐私等，所有这些与案件有关的信息都属于保密的范围。所以，司法会计人员应遵从保密协议，在保密期限内决不能泄露秘密，也不能私自保留相关资料。

职业道德观念的培养，最主要的还是要在高等教育中进行。因为，高等教育阶段，学生刚刚接触这门专业，也正是学生形成积极向上的、严谨务实的职业道德观念的好机会。同时，这个阶段的学生可塑性也是非常强的，我们正好利用这个机会培养对社会有用的、合格的司法会计专业人才。具体如何操作呢？在司法会计专业课程中，应设置一门职业道德与风险防范的课程，课程的主要内容是介绍司法会计专业学生可能会遇到的职业道德方面的问题，还有具体如何防范的内容。教授时，教师可以采用案例教学法，将社会上近些年比较流行的违反职业道德方面的案例向学生进行剖析，以此告诫学生遵守职业道德。

（三）聘请专业教师

司法会计专业，是融合了会计学、法学知识的复合型专业，在我国发展的时间又不是很长，因此我国在这方面的人才本来就比较少，能够在高等教育中任教的专业型教师就更少了。所以，高等院校在聘请司法会计专业型人才担任教师这方面可以考虑分两步走：

第一步，过渡阶段。即先考虑从会计学专业、法学专业的现有教师中进行选择，鼓励现有教师跨学科发展，为这些教师提供深造、培训、实践的机会。通过对现有人才的培养，也可以暂时解决现阶段人才短缺的问题，但这终究不是长久之计，所以说只能叫作过渡阶段的办法。

第二步，发展阶段。即经过了过渡阶段一段时间的跨学科培养，我们已经积攒了数量很可观的司法会计复合型人才，这些人才就可以成为我们未来高等教育的主力军。同时，社会上司法会计的人才也会变得越来越丰富，我们也应抓住机会吸收一些更有实践经验的人才加入我们的高等教育中。对社会上的司法会计人才，我们可以采取两种办法进行邀请，一是直接邀请作为高等院校的专任教师，二是邀请其作为高等院校的兼职教师。两种思路都可以提高我们的教师队伍的综合素质，教师队伍能力的提高对司法会计专业学生的培养将会起到非常大的助推作用。

（四）构建司法会计人才创新素养培育模式——以公安院校经侦专业为例

司法会计专业人才培养，除了要注重知识、职业道德的培养，还要关注学生创新素养的培育问题。只有将二者有机结合起来，才可能为国家培养出最优秀的专业人才。在这一部分，笔者以我校经侦专业为例阐述司法会计人才创新素养培育模式。

1. 课程设置方面，紧跟经侦形势，开设大数据专业课程

公安院校经侦专业人才培养目标是培养懂法律、懂经济、懂侦查、懂审讯、懂数据的复合型公安人才。数据侦查技术，已经成为侦破经济犯罪案件的最有力的技术手段，也是司法会计鉴定中必不可少的技术手段。因此，我们在本科专业人才培养的过程中，需要对已有专业进行数据化改造，具体来说就是在现有专业课程的基础上，增设相关的技术型课程内容，将专业知识与技术内容进行有机融合，从而拓展学生知识面，激发其创新动力。

受实际的教学资源与教学时长的限制，经侦人才数据能力的培养不需看齐普通高校的大数据技术类专业的标准。我们可以采取两种方式进行设计：

一是在课程时长方面，适当缩短原有专业课程时长，增设数据分析课程、计算机编程课程、数据库基础课程、数据建模课程等内容。这个模式就相当于是另外增加了一个大数据专业课程，这个课程可以设计为一门课，也可以设计为理论与实践两门课，即大数据基础理论课程和大数据实践实训课程。

二是不再新增大数据专业课程，但是在原有专业课程的框架内，设计出一部分实训时间，这些时间就可以增加与大数据分析等内容有关的课时。例如，在《扰乱市场秩序犯罪案件侦查》这门课程中，原课时为51课时，现在可以设计为专业内容39课时，再加上大数据实训内容12课时。这种"39+12"的专业课程模式，可以更好地激发学生的学习兴趣，针对性也会变得更强。学生在本门课程之内，就可以通过大数据的收集、整理（清洗数据）、建模等环节解决模拟案件的侦查过程。对学生来说理论与实践实现了完美结合，更有利于培养司法会计复合型人才。

在这一部分还有一个难点需要解决，那就是专业教师的指导。专业教师必须熟悉大数据基础侦查知识，包括资金查控分析、数据可视化分析等手段和技能。这一点需要学校加大对专业教师的培养力度，一方面，为专业教师开设相应的培训课程，聘请实战部门的专家来校讲授具体操作流程；另一方面，为专业教师提供去实战部门实践锻炼的机会，让专业教师通过实践的机会接触新鲜案例，接触最新的数据分析手段等。所有针对专业教师的培养，最终都决定了学生的学习效果，只有专业能力强的教师才能带出专业能力强的学生，这为司法会计人才培养奠定了基础。

2. 特色社团建设方面，应更趋向于数据化分析的社团建设

学生通过校内社团这样的实践平台，可以提高对专业知识的掌握能力，也可以培养学生参与司法会计实践的兴趣。

一方面，学校应为学生提供整合型的资源，如师资力量（专业的指导教师）、专业知识讲座（聘请校外实战部门专家授课）、司法会计鉴定实验室以

及数据分析工具等。无论是人力、财力,还是必备的硬件、软件设备,都是学生参与到社团中并且进行校内实训锻炼的必备基础条件。

另一方面,学院可组织校内、校外专家学者为学生设计更多的实训案例,帮助学生得到更好的锻炼机会。这些案件,可以来自经侦实践中的真实案例,我们将其脱密后形成学生可用的案例,学生使用其中的数据进行分析,即可锻炼使用数据化分析工具的能力;这些案件,也可以采用自编的方式,教师通过校外真实案例模拟改编成校内实训可用的案例,既可以在课堂实训环节使用,也可以在校内社团的司法会计鉴定、法庭对抗等活动中使用。

在社团建设方面,学校还可以引入激励机制,激励更多的学生投入到社团活动中,为培养司法会计复合型人才提供更多的机会。这种激励机制很多,可以在综合实践加分中体现,也可以在年终评优评先、入党等方面体现一定的分值。

3. 校外实践方面,为学生提供办案机会,参与一线案件积累经验

学生参与一线案件,可以由学校组织,也可以由社团来组织;可以是长期化的办案模式,即固定每个月接办或者到当地去参与案件,也可以是短期办案模式,即寒暑假参与到地方的司法会计案件中。

一是,建立地市案件数据处理机制。实践出真知,要激发学生的创新素养,锻造真正数据导侦能力,必须要经过一线的磨砺、检验。要坚持校局合作理念,充分利用各类资源,聚集整合、打造平台,为学生创新发展提供良好环境。

案件处理移送机制,即学校或社团(两种组织形式均可,以下以社团组织为例进行设计)与地市经侦大队合作办案,社团承担数据分析任务,为办案单位确定下一步侦查方向,追踪资金流向,排查重点人员。具体流程如下:

(1)联系案源。由社团外联部门与地市经侦大队进行对接,接收案件数据,了解简要案情,并明确分析任务。

(2)案件分配。社团根据案情的复杂程度选派几名学员,组成研判小组。小组人员的选择遵循案发地避嫌原则。小组成员签署保密书,确保一案一签。

(3)研判分析。在规定时间内,小组完成分析研判任务。根据实战部门的分析要求，成员分别完成数据预处理（数据清洗）、数据导入、设置维度、碰撞分析、识别账户身份、分析资金流向、确定侦办方向、编写研判报告等步骤。

（4）移送反馈。社团外联部门将研判报告移送给地市经侦大队。研判小组填写案件办理记录，登记实战部门反馈意见，并留存相关原始文件数据。

以上就是学生实际参与案件数据分析的过程。办理案件，一方面可以不断积累数据处理经验，另一方面可以激发学生不断探索创新，主动去掌握更多的新工具、新方法。

4. 建立对口见习制度，学生定期到公安机关和会计师事务所见习，积累司法会计鉴定经验

司法会计复合型人才的见习地，由公安经侦部门和会计师事务所司法会计事务部组成。无论是哪种见习地，都需要改变原来那种"实习生就是打杂人员"的见习思路，要真正地让学生参与到实践中，让学生在实践中得到锻炼。因此，学校可以与见习单位设计和签订共同培养模式，即设计出为期三个月的培养方案，根据不同的见习地点分别设计培养方案，在方案中列明每一周学生的培养目标。有了这个详细的培养目标，见习单位就可以有的放矢地进行培养，从专业知识到能力，从能力到素养，从能力素养到创新素养，一步步将学生培养成合格、可用的司法会计复合型人才。

一是公安机关的见习。公安院校培养经侦人才，必须遵循实战导向。公安大学生在接受了系统理论知识的学习后，需要到一线部门实际操作、亲身领悟。见习的过程可以帮助学生查缺补漏，找到自身不足，明确下一步在校的学习任务，达到一个良性循环。见习可由学院统一组织、协调，各地市经侦部门配合，帮助学生实现对口见习的模式。可依据在校学习情况，梯度安排学员，将我们的新生力量分别充实到总队、支队、大队。公安机关的见习，不能仅仅局限于看看案卷、写写讯问笔录等简单的"打杂式"内容，要有自己的标准。一方面，学生要认真学习所在单位的数据分析工具、内网操作平台等。另一方面，学生要跟随单位参与实际办案，获取案件数据，主动承担研判分析任务。这些都能够有效激发学生的学习兴趣，提高学生对于真实案件数据处理的能力，丰富针对不同案件类型数据的处理思路。

二是会计师事务所的见习。会计师事务所的司法会计事务部，承担了相当多的司法会计鉴定业务，学生通过真正地深入学习一个案件的鉴定过程，就能够见微知著，慢慢地理清所有案件的鉴定过程。在会计师事务所见习，另一个重要方面就是可以更深入地学习会计、审计技术，这方面技术手段非常专业，实践中的方法要远远多于我们校内课本中所讲解的那些，学生积累了这方面的实践经验，为未来参与司法会计鉴定业务，更好地侦破经济犯罪案件都奠定了坚实的基础。

5. 为学生提供更多的校外比赛经验，提高学生兴趣、培养创新素养

"双创"比赛、公安系统的"论道""论剑"等活动，学校都可以选派参赛队，精选辅导老师，带领学生积极备战。为学生提供参加校外比赛的机会，一方面可以激发学生参与竞赛的活力，让学生有机会投入其中，学到更多的在校内不曾体验过的知识，积累更多经验；另一方面可以促进比赛成果的转化，有的可以转化成为工作经验进行推广，有的可以转化成为"司法会计鉴定的技战法"为实战服务。

总之，司法会计专业的学生，既要具备相应的理论基础知识，又需要具备实践能力和经验，这些都需要在高等教育阶段尽力完成。鉴于此，司法会计专业的培养方案、任课教师的理论基础、校内校外的实践安排等都是针对司法会计专业学生精心设计的，只要学生认真完成，未来的专业能力应该是能够满足实践需要的。

三、改革研究生培养模式

司法会计方向的研究生培养，会促进我国司法会计的理论研究，也会通过研究生的培养更进一步促进本科生的教育，带动我国高等院校司法会计整体教学水平的提高。

（一）实现司法会计方向本科、研究生之间的课程交流

本科生往往缺乏的是深入钻研某一个知识点的能力，研究生的课程往往缺乏相应的实践内容。如果将二者结合起来，无论是对本科生来说，还是对研究生来说都是一个很好的交流机会。因此，高等院校可以采取一定的办法，促成司法会计方向的本科生、研究生课程互选。通过课程互选，一方面激发本科生的专业探究能力、自主学习能力；另一方面提高研究生的实践能力，再通过实践能力来总结、提炼学术问题，会更加提高学术水平，更好地为我国司法会计理论研究做出贡献。

（二）推动司法会计方向研究生学术能力向纵深发展

如果我们从中国知网上以"司法会计""法务会计"为关键词进行搜索的话，会发现近五年来选择该方向的硕博士学位论文才不到100篇。这个数据一方面说明了我国司法会计方向研究生培养的发展还处于起步阶段，司法会计作为一个新兴学科未来要走的路还很长；另一方面也说明了我们下一步努力的方向应重点关注研究生学习能力的提高问题，为研究生多提供一些长远规划。

现在国内有些高校，在研究生培养时对于司法会计的理论培养还是局限于本科生水平上，没有往纵深发展的角度多做考虑，导致许多研究生对自己的研究方向还是摸不着头脑的。这虽然与司法会计这一新兴学科有关，但更多的还体现在高等学校和教师对人才培养的重视程度。学校应积极努力，为研究生提供更多的学术交流机会，鼓励其撰写高水平的司法会计领域论文，搭建司法会计领域的上层建筑，从理论上提高我国司法会计的研究水平，更好地为实践服务。

第四节　司法会计师——司法会计的社会职业培养模式

改革开放之后，随着经济的迅猛发展，经济犯罪的形式也变得愈加多样化，与此同时，与经济案件息息相关的司法会计师这一新兴职业[①]，也随之产生了。司法会计师，是指专门从事司法会计活动的执业人员[②]。

一、司法会计师职业素质要求

（一）学历资历要求

表 7-4：司法会计师职称要求

职称	要求
助理司法会计师	具有经济管理（含会计、审计，下同）专业学历，工作一年以上，司法会计职业初级培训达规定标准学时数，并取得结业证书；或司法会计专业本科以上学历，工作一年以上；或从事司法会计工作三年以上，并取得司法会计职业初级培训结业证书的。
司法会计师	具有经济管理专业或司法会计专业本科以上学历，取得中级会计师资格证书；从事司法会计工作 10 年以上并取得司法会计执业中级培训结业证书的。
高级司法会计师	取得中级会计师或司法会计师资格证书 5 年以上，或从事司法会计工作 15 年以上，并取得司法会计职业高级培训结业证书的。

---

① 中央职称改革工作领导小组职改字 [1988]18 号《对最高人民检察院＜关于司法会计人员选用《会计专业职务试行条例》的报告＞的批复》中首次出现"司法会计师"一词。

② 1987 年，最高人民检察院组织相关工作人员起草了《司法会计技术职务暂行办法》，分别设置了助理司法会计师、司法会计师（中级）、高级司法会计师三级技术职称，该办法经中央职称改革工作领导小组批准后，部分省级检查机关组织进行了职称评定。

（二）专业素质要求

要求具备检查和鉴定各类财务问题、会计问题的能力，且有一定诉讼经验的复合型人才。

（三）职业道德要求

认真负责的高度责任感；敢于坚持真理，依法办案；廉洁奉公，刚直不阿；工作细致、扎实；自觉遵守行业制度和纪律。

二、司法会计师职业管理问题

（一）国家管理内容

国家有关部门对司法会计师这一行业有相应的管理职责。例如，司法行政机关对司法会计师的从业内容和质量有管理权限；科技行政机关对司法会计师行业的学术研究、学术成果转化等有相应的管理权限；教育部门对司法会计师行业的学历教育以及继续教育方面有相应的管理权限。

（二）行业管理内容

司法会计行业，与会计、法律行业一致，都需要制定统一的行业标准、规定行业管理制度；进行人才培训、制定进修方案等；组织各地区之间的学术交流、实践合作等；对行业内优秀机构、优秀人才进行宣传、评奖等。

（三）行业自律组织管理内容

司法会计师行业自律组织是指司法会计师协会、司法会计学会对司法会计师的管理，包括职称、执业资格、职业道德等内容的管理。

三、司法会计师职业培训问题

司法会计师职业培训，是指两个方面的培训，一是业务能力培训，二是职业道德培训。

（一）业务能力培训

司法会计师的情况分很多种，有的是司法会计专业（方向）高等教育阶段毕业的，有的是由会计学（或者是法学）专业自学另一领域发展起来的，有的是没有会计学或法学专业背景直接跨行业发展过来的，多种多样的情况决定了我们的培训也应因人而异。

针对本身就是科班出身，大学就是司法会计专业（方向）的人才，对其培训应注重实践案例的指导或业务训练。因为这些专业人才他们在大学里已经有了不错的专业基础知识，现在缺少的就是实践经验。

针对只具备会计学（或者是法学）一个领域专业知识和能力的人才，对其培训应注重另一领域知识和实践能力的培训。这些人才大多来自会计师事务所或者是律师事务所，本身在自己原本的行业内已经是专业人才，但其缺乏的另一领域知识成了他们加入司法会计领域的障碍，只要扫除这一障碍，这些人才很容易就可以跨越原专业，成为我们司法会计领域的专家。

针对尚不具备会计学或者法学专业背景，更加不具备司法会计专业背景的人才，对其培训应从头开始，从基础知识到高阶知识，从动手能力到思考能力，从理论到实践，一步一步来。针对这一类人才，培训的时间会很长，但是有时候"一张白纸"反而更容易画出精彩的水墨画，就看画师如何设计。所以，我们应在培训课程的设置上更加深入地思考，争取拿出一个能够在最短时间内达到最优效果的培训方案，为我们的司法会计专业培训出更多的合格人才。

（二）职业道德培训

职业道德规范，是每一个行业的从业人员都必须要遵循的道德要求，这个要求应高于法律规定。对司法会计从业人员来讲，其职业道德规范应满足以下三点：一是每一个司法会计机构及其从业人员，都应当熟知本行业所要求的全部的道德规范标准；二是每一个司法会计从业人员都需要了解违反本行业职业道德规范应承担的行业不良后果，甚至是法律后果；三是当从业人员发现职业道德规范存在制度上的缺陷时，应及时向所在的司法会计机构或者是行业协会反映，争取尽快解决问题，共同维护行业的职业道德规范。

第五节　司法会计人员职业道德建设

职业道德，是任何职业的从业人员都必须遵循的行为准则。司法会计人员，本身就是法律从业人员，更肩负着贯彻依法治国的法治理念，促进司法公正、保障社会主义市场经济健康运行的历史使命。

一、提高专业胜任能力

专业胜任能力，是从事一个行业的基础。但是，把专业胜任能力提高到道德层面，是与司法会计工作的特殊性有着密不可分的关系的。如果司法会计人员不能够保持自己的专业胜任能力，就可能出现在法庭上由于自己的会计、法律等专业知识不足而使得自己作出的"鉴定意见""诉讼意见"等丧失其权威性、专业性。

司法会计人员专业胜任能力的保持与提高，主要来自两个方面：一是在学校所学的专业知识，这是专业上立足的根本；二是来自社会上不断研究、总结的经验知识，这是专业向纵深发展、不断扩展自身知识体系和脉络的必要条件。随着经济领域犯罪手段地不断更新换代，司法会计人员对于知识的汲取与总结就变得愈加重要，需要时刻保持学习的态度与激情。

二、保持客观公正的工作态度

司法会计人员不论是从事司法会计鉴定工作，还是从事专家辅助人、舞弊审查等工作，都需要保持应有的独立性。只有保持中立的态度，才能够在各项诉讼活动、审查活动中发表客观公正的意见，才能够维护法律的公平正义。

三、遵守保密原则

司法会计人员工作的特殊性，决定了其一定会接触非常多的目前尚不能公开的秘密资料或者是敏感信息。这些信息，可能涉及公司、企业的商业秘密，可能涉及大量的客户数据、财务数据，也可能涉及一些悬而未决的重大事项，所以保守秘密是司法会计人员必须遵守的行业原则。